Ergänzungsheft

zur sechsten Auflage des Commentars

der

Deutschen Gewerbe-Ordnung

von

F. Marcinowski,

Geheimem Ober-Finanzrath und vortragendem Rath im Finanzministerium.

Enthaltend

I. Das Reichsgesetz zur Bekämpfung des unlauteren Wettbewerbes vom 27. Mai 1896. (R.G.Bl. S. 145) mit Erläuterungen.

II. Das Reichsgesetz betreffend die Abänderung der Gewerbeordnung vom 6. August 1896. (R.G.Bl. S. 685) mit Erläuterungen.

III. Die Bekanntmachung betreffend den Betrieb von Bäckereien und Konditoreien vom 4. März 1896. (R.G.Bl. S. 55) nebst der Ausführungs-Anweisung vom 15. April 1896.

IV. Die Verfügung vom 30. April 1896 über den von Gast- und Schankwirthen an Sonn- und Festtagen betriebenen Verkaufs über die Straße.

V. Die Gebührenordnung für approbirte Aerzte und Zahnärzte vom 15. Mai 1896.

Berlin.

Druck und Verlag von Georg Reimer.

1896.

günstigen Angebots hervorzurufen, kann auf Unterlassung der unrichtigen Angaben in Anspruch genommen werden. Dieser Anspruch kann von jedem Gewerbetreibenden, der Waaren oder Leistungen gleicher oder verwandter Art herstellt oder in den geschäftlichen Verkehr bringt, oder von Verbänden zur Förderung gewerblicher Interessen geltend gemacht werden, soweit die Verbände als solche in bürgerlichen Rechtsstreitigkeiten klagen können.

Neben dem Anspruch auf Unterlassung der unrichtigen Angaben haben die vorerwähnten Gewerbetreibenden auch Anspruch

---

3. Die wesentlichsten Punkte, auf die sich der Entwurf bezieht, sind folgende. Einmal sollen die Auswüchse des Reklamewesens, welche dem ehrbaren minder starken Gewerbetreibenden so überaus schädlich sind, eingeengt und, wenn thunlich, abgestellt werden. Es soll ferner ein Schutz gewährt werden gegenüber der unberechtigten Ausnutzung von Fabrik- und Geschäftsgeheimnissen. Es kommt darauf an, bestimmte nach den bisherigen Erfahrungen für den redlichen Erwerbsgenossen besonders nachtheilige Mißbräuche zu verhindern. In erster Linie soll dem unlautern Wettbewerbe dadurch entgegengewirkt werden, daß dem Geschädigten ein in den Formen des bürgerlichen Rechtsstreites geltend zu machender Anspruch auf Schadenersatz und auf Unterlassung künftiger Benachtheiligungen gewährt wird.

Da sich indeß der unlautere Wettbewerb in zahlreichen Fällen nach den Mitteln, die er anwendet, und nach den Zwecken, die er verfolgt, als eine gröbliche Verletzung der die Grundlage des geschäftlichen Verkehrs bildenden Principien von Treu und Glauben und somit als ein Bruch der allgemeinen Rechtsordnung darstellt, der vom sittlichen Standpunkt kaum milder als Betrug, strafbarer Eigennutz oder Untreue anzusehen ist, so erfordert das öffentliche Interesse auch eine strafrechtliche Sühne. Es ist indeß nur insoweit, als gewisse moralisch verwerfliche, nach den bisherigen Gesetzen aber nicht verbotene Mittel zu dem Zwecke angewendet werden, um unberechtigte Vortheile gegenüber den Konkurrenten zu gewinnen, Abhülfe nöthig und erreichbar. Es handelt sich darum, allgemein verbindliche Grundsätze aufzustellen. Besondere Mißstände, welche sich bei einzelnen Gruppen von Gewerbetreibenden in bestimmten Zweigen der Erwerbsthätigkeit oder in örtlich abgegrenzten Gebieten fühlbar machen, können daher nur insoweit Berücksichtigung finden, als die zur Abhülfe dienlichen Maßregeln sich zur allgemeinen Anwendung eignen. Endlich kann es nicht die Aufgabe des beabsichtigten Sondergesetzes sein, in Gebiete überzugreifen, die durch allgemeine Reichsgesetze, wie das Handelsgesetzbuch, die Gewerbeordnung, die Konkursordnung, die Gesetze über den Verkehr mit Nahrungsmitteln ꝛc., mit Ersatzmitteln für Butter, mit Wein ꝛc. geregelt sind, oder welche, wie das landesrechtlich nach verschiedenen Grundsätzen gestaltete Hypothekenrecht, einer reichsgesetzlichen Abänderung in Einzelheiten widerstreben.

Der leitende Gedanke des Gesetzes in allen seinen Theilen ist der, daß der redliche Wettbewerber gegen den Schaden geschützt werden soll, der ihm aus verwerflichen Operationen seines unlauteren Mitbewerbers erwachsen könnte. (Motive S. 7. 8.)

4. Als unrichtige Angaben über den Anlaß oder Zweck des Verkaufs werden in den Motiven namentlich hervorgehoben: Gelegenheitskauf, Beschädigung der Waare durch Feuer oder Wasser, Erwerb durch Schmuggel, Ausverkauf (wenn in Wirklichkeit eine Veräußerung der vorhandenen Vorräthe zum Zweck der Beendigung sei es des Geschäftsbetriebes im Ganzen sei es des Verkaufs

I.

Das Reichsgesetz zur Bekämpfung des unlauteren Wettbewerbes vom 27. Mai 1896.

R.G.Bl. S. 145.

§ 1.

Wer in öffentlichen Bekanntmachungen oder in Mittheilungen, welche für einen größeren Kreis von Personen bestimmt sind, über geschäftliche Verhältnisse, insbesondere über die Beschaffenheit, die Herstellungsart oder die Preisbemessung von Waaren oder gewerblichen Leistungen, über die Art des Bezuges oder die Bezugsquelle von Waaren, über den Besitz von Auszeichnungen, über den Anlaß oder den Zweck des Verkaufs unrichtige Angaben thatsächlicher Art macht, welche geeignet sind, den Anschein eines besonders

---

Zu § 1.

1. Da sich bei den Kommissionsberathungen die Unmöglichkeit herausstellte, alle einzelnen Arten des unlautern Wettbewerbes namhaft zu machen, hat der Reichstag abweichend von der Gesetzesvorlage die Generalklausel „über geschäftliche Verhältnisse insbesondere" eingeschaltet und dadurch die Spezialisirung einzelner Fälle aufgegeben. Die Anwendung des § 1 ist indeß auf diejenigen Fälle beschränkt, in denen die betreffenden Handlungen geeignet sind, nicht etwa den einen oder andern unvernüftigen Menschen, sondern das Publikum über die Güte des Angebotes zu täuschen und dadurch den Konkurrenten zu schaden. Macht Jemand eine unwahre Angabe thatsächlicher Art, die geeignet ist, das Publikum über die Güte einer Waare irre zu führen, dasselbe heranzuziehen und dem ehrlichen Konkurrenten abzuwenden, so soll der Letztere berechtigt sein, die Untersuchung einer solchen marktschreierischen Reklame zu verlangen. Lächerliche Marktschreiereien, die jeder vernünftige Mensch als solche erkennt, gehören nicht hierher, weil sie zur Täuschung nicht geeignet sind. Auf die Absicht des unredlichen Konkurrenten kommt es für die Anwendung des § 1 nicht allein an.

Vgl. Stenogr. Bericht v. 7. Mai 1896 S. 2174. 2175.

2. Der für ein Preßerzeugniß verantwortliche Redakteur oder derjenige, welcher an seiner Stelle haftbar ist, kann auf Grund des § 1 nur dann zur Verantwortung gezogen werden, wenn in seiner Person die Voraussetzungen des § 1 erfüllt sind.

Kommiss.-Bericht S. 11.

auf Ersatz des durch die unrichtigen Angaben verursachten Schadens gegen denjenigen, der die Angaben gemacht hat, falls dieser ihre Unrichtigkeit kannte oder kennen mußte. Der Anspruch auf Schadensersatz kann gegen Redakteure, Verleger, Drucker oder Verbreiter von periodischen Denkschriften nur geltend gemacht werden, wenn dieselben die Unrichtigkeit der Angaben kannten.

Die Verwendung von Namen, welche nach dem Handelsgebrauch zur Benennung gewisser Waaren dienen, ohne deren Herkunft bezeichnen zu sollen, fällt unter die vorstehenden Bestimmungen nicht.

---

einer gewissen Waarengattung gar nicht beabsichtigt wird, vielmehr eine regelmäßige oder gelegentliche Vervollständigung des Lagers durch Nachschiebung neuer Waaren stattfindet).

Die Verfolgung unrichtiger wenn auch nur mündlicher Angaben soll nicht davon abhängig sein, ob die beabsichtigte Wirkung thatsächlich eingetreten ist. Die Fassung der §§ 1 und 4 schließt jede wenn auch erfolglose Thätigkeit ein, die das Ergebniß haben kann, den Anschein eines besonders günstigen Angebots hervorzurufen, sofern die Angaben an sich geeignet sind, diesen Anschein zu erwecken. Scherzhafte und harmlose Uebertretungen im Reklamewesen, welche als solche von Jedermann leicht zu erkennen sind, kommen daher nicht in Betracht (Motive S. 12).

5. Ein praktisches Bedürfniß zur Verfolgung besteht nur insoweit, als Unwahrheiten nach dem Gegenstande, auf den sie sich beziehen, geeignet sind, das Angebat als ein besonders günstiges erscheinen zu lassen und dadurch zum Nachtheil redlicher Mitbewerber Kunden anzulocken. Unrichtige Angaben über die Preisbemessung kommen insbesondere dann in Betracht, wenn im Widerspruch mit dem Sachverhalt Waaren als unter dem Einkaufspreis u. s. w. erhältlich angeboten werden, oder wenn — etwa in den Auslagen von Schaufenstern — billigere Preise zur Ankündigung gelangen, als sie beim Kaufe thatsächlich in Rechnung gestellt werden.

Motive. S. 10.

6. Hinsichtlich der Herstellungsart ist es für die Würdigung einer Waare oft von erheblichem Einfluß, ob sie als Natur- oder als Kunstprodukt, als eigenes oder fremdes Erzeugniß, als Hand- oder Fabrikarbeit bezeichnet wird.

Motive. S. 10.

7. Der Begriff „Bezugsquelle“ soll sich auf Ursprungsangaben nicht geographischen Charakters erstrecken. Die fälschliche Verwendung von Ortsnamen in geschäftlichen Ankündigungen ist bereits durch § 16 des Waarenbeziehungsgesetzes in einem dem Bedürfniß des redlichen Verkehrs genügenden Umfange eingeschränkt worden. Hier handelt es sich nur darum, Täuschungen entgegen zu wirken, wie solche durch anderweitige falsche Hinweise auf die Herkunft von Waaren (z. B. Domainenbutter — aus einem Konkurse, einem Nachlasse herrührend — direkt ohne Zwischenhändler bezogen) häufig versucht werden.

Motive. S. 11.

8. Eine Klage im Sinne des § 1 steht nur dem Mitbewerber, nicht aber dem durch die betrügerischen Vorspiegelungen geschädigten Käufer zu. Der Anspruch richtet sich gegen denjenigen, der sich unwahrer Angaben schuldig gemacht

Im Sinne der Bestimmungen des Absatzes 1 und 2 sind den Angaben thatsächlicher Art bildliche Darstellungen und sonstige Veranstaltungen gleich zu achten, die darauf berechnet und geeignet sind, solche Angaben zu ersetzen.

Unter Waaren im Sinne des Gesetzes sind auch landwirthschaftliche Erzeugnisse, unter gewerblichen Leistungen auch landwirthschaftliche zu verstehen.

§ 2.

Für Klagen auf Grund des § 1 ist ausschließlich zuständig das Gericht, in dessen Bezirk der Beklagte seine gewerbliche Niederlassung oder in Ermangelung einer solchen seinen Wohnsitz hat. Für Personen, welche im Inlande weder eine gewerbliche Niederlassung noch einen Wohnsitz haben, ist ausschließlich zuständig das Gericht des inländischen Aufenthaltsortes, oder wenn ein solcher nicht bekannt ist, das Gericht, in dessen Bezirk die Handlung begangen ist.

§ 3.

Zur Sicherung des im § 1 Absatz 1 bezeichneten Anspruchs können einstweilige Verfügungen erlassen werden, auch wenn die in den §§ 814, 819 der Civilproceßordnung bezeichneten Voraussetzungen nicht

---

hat, mag er der Inhaber, oder der Angestellte, Gehülfe, Reisende eines Geschäftes sein. Auch dritte Personen, welche zu Gunsten eines Erwerbsgeschäfts unrichtige Angaben verbreiten, werden von dem Anspruche getroffen. Inwieweit der Geschäftsherr für die von seinen Angestellten oder von dritten Personen gemachten unwahren Angaben haftet, bestimmt sich nach allgemeinen Rechtsgrundsätzen.

Motive. S. 14.

9. Die Berechtigung zur Anstellung der Unterlassungsklage bezw. zum Erlaß einer einstweiligen Verfügung ist an den Nachweis eines besondern rechtlichen Interesses nicht gebunden.

Bei den Verbänden zur Förderung gewerblicher Interessen macht es keinen Unterschied, ob ein solcher Verein den Schutz des durch die Reklame betroffenen Gewerbezweiges sich zur besonderen Aufgabe gemacht hat oder Ziele allgemeinerer Art verfolgt.

Motive. S. 13.

Zu Abs. 2.

Ueber die Frage, ob ein Schaden entstanden ist, und wie hoch sich derselbe beläuft, ist im Streitfalle vom Gericht nach Maßgabe des § 260 der Civil-Proz.-O. zu entscheiden.

Motive. S. 14.

Zu § 3.

1. Zur Begründung des Antrages auf eine einstweilige Verfügung ist es unter allen Umständen erforderlich, daß die thatsächlichen Voraussetzungen, von denen das Gesetz den Anspruch auf Unterlassung der unrichtigen Angaben abhängig

zutreffen. Zuständig ist auch das Amtsgericht, in dessen Bezirk die den Anspruch begründende Handlung begangen ist; im Uebrigen finden die Vorschriften des §. 820 der Civilprozeßordnung Anwendung.

§ 4.

Wer in der Absicht, den Anschein eines besonders günstigen Angebots hervorzurufen, in öffentlichen Bekanntmachungen oder in Mittheilungen, welche für einen größeren Kreis von Personen bestimmt sind, über die Beschaffenheit, die Herstellungsart oder die Preisbemessung von Waaren oder gewerblichen Leistungen, über die Art des Bezuges oder die Bezugsquelle von Waaren, über den Besitz von Auszeichnungen, über den Anlaß oder den Zweck des Verkaufs wissentlich unwahre und zur Irreführung geeignete Angaben thatsächlicher Art macht, wird mit Geldstrafe bis zu eintausendfünfhundert Mark bestraft.

Ist der Thäter bereits einmal wegen einer Zuwiderhandlung gegen die vorstehende Vorschrift bestraft, so kann neben oder statt der Geldstrafe auf Haft oder auf Gefängniß bis zu sechs Monaten erkannt werden; die Bestimmungen des § 245 des Strafgesetzbuchs finden entsprechende Anwendung.

---

macht, dargelegt werden. Auch müssen diese Voraussetzungen gemäß §§ 815. 800 der Civil-Prozeßordnung glaubhaft gemacht werden, sofern nicht eine vom Gericht für hinreichend erachtete Sicherheit (§ 801) bestellt wird. Im Uebrigen hat das Gericht nach freiem Ermessen darüber zu befinden, ob und in welcher Art nach Lage des Falles eine vorläufige Anordnung zu treffen ist.

Motive. S. 13.

2. Die in § 3 citirten Vorschriften der Civil-Prozeßordnung lauten:

§ 814. Einstweilige Verfügungen in Beziehung auf den Streitgegenstand sind zulässig, wenn zu besorgen ist, daß durch eine Veränderung des bestehenden Zustandes die Verwirklichung des Rechts einer Partei vereitelt oder wesentlich erschwert werden könnte.

§ 819. Einstweilige Verfügungen sind auch zum Zwecke der Regelung eines einstweiligen Zustandes in Bezug auf ein streitiges Rechtsverhältniß zulässig, sofern diese Regelung, insbesondere bei dauernden Rechtsverhältnissen zur Abwenduug wesentlicher Nachtheile oder zur Verhinderung drohender Gewalt oder aus andern Gründen nothwendig erscheint.

§ 820. In dringenden Fällen kann das Amtsgericht, in dessen Bezirk sich der Streitgegenstand befindet, eine einstweilige Verfügung erlassen, unter Bestimmung einer Frist, innerhalb welcher der Gegner zur mündlichen Verhandlung über die Rechtmäßigkeit der einstweiligen Verfügung vor das Gericht der Hauptsache zu laden ist. Nach fruchtlosem Ablauf der Frist hat das Amtsgericht auf Antrag die erlassenen Verfügung aufzuheben. Die in diesem § erwähnter Entscheidungen des Amtsgerichts können ohne vorgängige mündliche Verhandlung erfolgen.

§ 5.

Durch Beschluß des Bundesraths kann festgesetzt werden, daß bestimmte Waaren im Einzelverkehr nur in vorgeschriebenen Einheiten der Zahl, der Länge und des Gewichts oder mit einer auf der Waare oder ihrer Aufmachung anzubringenden Angabe über Zahl, Länge oder Gewicht gewerbsmäßig verkauft oder feilgehalten werden dürfen.

Für den Einzelverkehr mit Bier in Flaschen oder Krügen kann die Angabe des Inhaltes unter Festsetzung angemessener Fehlergrenzen vorgeschrieben werden.

Die durch Beschluß des Bundesraths getroffenen Bestimmungen sind durch das Reichs-Gesetzblatt zu veröffentlichen und dem Reichstag sogleich oder bei seinem nächsten Zusammentritt vorzulegen.

Zuwiderhandlungen gegen die Bestimmungen des Bundesraths werden mit Geldstrafe bis einhundertfünfzig Mark oder mit Haft bestraft.

Zu § 5.

1. Es ist hierbei insbesondere an den Handel mit Garn und mit Bier gedacht, bei welchem sich die Gepflogenheit herausgebildet hat, durch eine für den Konsumenten schwer bemerkbare Verkleinerung des im Einzelverkehr sonst üblichen Mengenverhältnisses den irreführenden Anschein einer Preisermäßigung hervorzurufen und hierdurch zum Schaden derjenigen Gewerbsgenossen, welche zu solchen Mitteln nicht greifen, Kunden heranzuziehen. Auch bei dem Verkauf von Bier in Fässern und beim Kleinhandel mit einzelnen andern Waaren (Chokolade, Zucker, Bindfaden, Seife, Stearinkerzen, Stahlfedern) sind Quantitätsverschleierungen beobachtet worden. Es ist anzunehmen, daß sich die Anordnungen des Bundesraths in den Grenzen des praktischen Verkehrsbedürfnisses bewegen werden, daß hierbei eine eingehende Prüfung der Verhältnisse stattfinden wird und auch die betheiligten Kreise gehört werden.

Der Anwendungsbereich der zu erlassenden Vorschriften wird sich auf den Einzelverkehr im Inlande zu beschränken haben, wobei selbstverständlich die in den inländischen Einzelverkehr gelangenden Waaren ausländischen Ursprungs mit betroffen werden. Durch die alternative Fassung des § 5 soll nicht ausgeschlossen werden, daß im Bedürfnißfalle die beiden in Frage kommenden Anordnungen dergestalt verbunden werden, daß eine bestimmte Waare nur in bestimmten Mengeneinheiten und mit einer Angabe der Menge versehen zum Einzelverkehr zugelassen wird.

Insoweit die Angabe der Menge angeordnet ist, wird sich einer Zuwiderhandlung auch derjenige schuldig machen, welcher nicht die thatsächlich vorhandene Menge angiebt.

Motive. S. 15. 16.

2. Unter dem Ausdruck „Menge" ist auch die Gewichtsmenge einbegriffen.
Kommiss.-Bericht S. 16.

§ 6.

Wer zu Zwecken des Wettbewerbes über das Erwerbsgeschäft eines Anderen, über die Person des Inhabers oder Leiters des Geschäfts, über die Waaren oder gewerblichen Leistungen eines Anderen Behauptungen thatsächlicher Art aufstellt oder verbreitet, welche geeignet sind, den Betrieb des Geschäfts oder den Kredit des Inhabers zu schädigen, ist, sofern die Behauptungen nicht erweislich wahr sind, dem Verletzten zum Ersatze des entstandenen Schadens verpflichtet. Auch kann der Verletzte den Anspruch geltend machen, daß die Wiederholung oder Verbreitung der Behauptungen unterbleibe.

Die Bestimmungen des ersten Absatzes finden keine Anwendung, wenn der Mittheilende oder der Empfänger der Mittheilung an ihr ein berechtigtes Interesse hat.

§ 7.

Wer wider besseres Wissen über das Erwerbsgeschäft eines Anderen, über die Person des Inhabers oder Leiters des Geschäfts, über die Waaren oder gewerblichen Leistungen eines Auderen unwahre Behauptungen thatsächlicher Art aufstellt oder verbreitet, welche geeignet sind, den Betrieb des Geschäfts zu schädigen, wird mit Geldstrafe bis zu eintausendfünfhundert Mark oder mit Gefängniß bis zu einem Jahre bestraft.

§ 8.

Wer im geschäftlichen Verkehr einen Namen, eine Firma oder die besondere Bezeichnung eines Erwerbsgeschäfts, eines gewerblichen Unternehmens oder einer Druckschrift in einer Weise

---

Zu § 6 Abs. 2.

Wer eine Auskunft nachsucht, um hiernach seine Geschäftsbeziehungen zu einem Andern zu regeln, und wer eine solche Auskunft nach bestem Wissen ertheilt, behindert sich in der Wahrnehmung berechtigter Interessen und darf auch dann nicht haftbar gemacht werden, wenn die Auskunft ungünstig lautet.

Motive. S. 18.

Zu § 8.

1. Es liegt nicht in der Absicht des Gesetzes, einen Gewerbetreibenden, dessen Namen mit der Firma eines an einem andern Orte domizilirenden Konkurrenten übereinstimmt, an der Führung seines Namens als Firma schlechthin zu verhindern. Es soll ihm aber ein Interesse der geschäftlichen Moral verboten werden, die Synonymität, mag dieselbe eine zufällige oder eine absichtlich herbeigeführt sein, in einer Weise auszubeuten, welche gerade darauf berechnet ist, Verwechselungen hervorzurufen. Er wird also beispielsweise auf der Waare, in Empfehlungskarten, in Korrespondenzen seinen Namen nicht in einer Weise anbringen dürfen, welche auf die benutzt, welche darauf berechnet nnd geeignet ist, Verwechselungen mit dem Namen, der Firma oder der besonderen Bezeichnung hervorzurufen, deren sich ein Anderer befugterweise bedient, ist diesem zum Ersatze des Schadens verpflichtet. Auch kann der Anspruch auf Unterlassung der mißbräuchlichen Art der Benutzung geltend gemacht werden.

§ 9.

Mit Geldstrafe bis zu dreitausend Mark oder mit Gefängniß bis zu einem Jahre wird bestraft, wer als Angestellter, Arbeiter oder Lehrling eines Geschäftsbetriebes Geschäfts- oder Betriebsgeheim-

---

Irreführung des Publikums zum Nachtheil eines in der Geschäftswelt bereits bekannten Trägers gleichen Namens abzielt. Der beabsichtigte Schutz ist selbstverständlich in allen Fällen, die der Ausdruck „die besondere Bezeichnung eines Erwerbsgeschäfts" umfaßt, dadurch bedingt, daß die Bezeichnung einen eigenthümlichen und unterscheidenden Charakter hat. Allgemein übliche Bezeichnung, wie z. B. „Kleiderbazar", „Steh-Bierhalle", können nicht zn Gunsten eines Einzelnen, selbst wenn derselbe an einem bestimmten Orte sich zuerst dieser Bezeichnung bedient haben sollte, monopolisire werden. In dieser Beziehung die Grenze des Zulässigen festzustellen, muß der Entscheidung des einzelnen Falles überlassen bleiben. Im Uebrigen liegt es im Sinne der Bestimmung, daß der Schutz nicht nar der Gesammtbezeichnung eines Erwerbsgeschäfts, sondern auch den Benennungen einzelner zu einem solchen gehöriger Unternehmungen zu gewähren ist, also z. B. einem Zeitungsnamen oder einer Gasthoftsbenennung auch dann, wenn sich die gewerbliche Thätigkeit des Unternehmers nicht auf die Herausgabe der einen Zeitung oder den Betrieb des einen Gasthofs beschränkt. Der Ausdruck Erwerbsgeschäft umfaßt also ein Doppeltes: einerseits die Gesammtheit des Betriebes, andererseits die einzelnen zu diesem Betriebe gehörige Unternehmungen.

Es ist selbstverständlich, daß durch geringfügige, im Verkehr schwer erkennbare Abweichungen oder Abkürzungen beim unbefugten Gebrauch frrmder Namen, Firmen oder sonstigen Bezeichnungen die Anwendbarkeit des § 8 nicht ausgeschlossen wird.

Der Geschädigte hat sein Recht im Wege einer civilprozessualen Klage auf Schadensersatz und auf Unterlassung fernerer Eingriffe geltend zu machen; auch einstweilige Verfügungen können nach Maßgabe der Bestimmungen der Civilprozeßordnung erwirkt werden. Eine Strafandrohung ist hier schon deswegen entbehrlich, weil nur die Verletzung berechtigter Interessen von einzelnen bestimmten Mitbewerbern in Frage kommt. (Motive S. 19. 20).

2. Ein von einem Schriftsteller benutztes Pseudonym ist gleichfalls als ein Name im Sinne des § 8 anzusehen. Wenn dieser Name im geschäftlichen Verkehr und weiter von einem andern Schriftsteller in einer Weise benutzt wird, welche geeignet und darauf berechnet ist, Verwechselungen hervorzurufen, ist die Anwendung des § 8 gerechtfertigt.

Vgl. Stenogr. Bericht v. 7. Mai 1896. S. 2485.

Zu § 9.

1. Daß die Verantwortlichteit nur dann eintreten kann, wenn dem Benutzer diejenigen thatsächlichen Umstände bekannt waren, in denen die Merkmale des einem Angestellten zur Last fallenden Verraths gefunden werden, ergiebt sich aus allgemeinen strafrechtlichen Grundsätzen (§ 59 StGB.).

nisse, die ihm vermöge des Dienstverhältnisses anvertraut oder sonst zugänglich geworden sind, während der Geltungsdauer des Dienstverhältnisses unbefugt an Andere zu Zwecken des Wettbewerbes oder in der Absicht, dem Inhaber des Geschäftsbetriebes Schaden zuzufügen, mittheilt.

Gleiche Strafe trifft denjenigen, welcher Geschäftsgeheimnisse, deren Kenntniß er durch eine der im Absatz 1 bezeichneten Mittheilungen oder durch eine gegen das Gesetz oder die guten Sitten verstoßende eigene Handlung erlangt hat, zu Zwecken des Wettbewerbes unbefugt verwerthet oder an Andere mittheilt.

Zuwiderhandlungen verpflichten außerdem zum Ersatze des entstandenen Schadens. Mehrere Verpflichtete haften als Gesammtschuldner.

Der Verwerthung ist, als für den Geschädigten in gleichem Maaße nachtheilig, die Mittheilung an Andre gleichgestellt. Hierunter wird auch die Bekanntgabe eines Geheimnisses zu verstehen sein.

Die Definition des Begriffs „Geheimniß" ist im Gesetz vermieden. Nach der Aeußerung des Kommissars des Bundesraths in der Reichstagssitzung vom 13. Dzb. 1895 ist ein Geheimniß im Sinne eines Geschäftsinhabers, ein Fabrik- oder Geschäfts-Geheimniß, das, was seiner Geschäftsgebahrung, seinem Fabrikbetriebe, seiner Handwerksthätigkeit so eigenthümlich ist, daß es in andern Kreisen nicht bekannt ist und nicht zur Anwendung kommt. Bei dieser Interpretation ist es völlig ausgeschlossen, die Verwerthung der erlernten Kunstfertigkeit von Handgriffen, die auch sonst üblich sind, von Kenntnissen, die sich auf den gewöhnlichen Geschäfts- bezw. Fabrikbetrieb beziehen, zum Ausgangspunkt der Anwendung der §§ 9ff. zu machen. Was der Oeffentlichkeit oder einer Mehrzahl von Personen bekannt ist, kann im Sinne dieses Gesetzes nicht als Geheimniß gelten.

Insoweit es sich um die Mittheilung eines fremden Geheimnisses handelt, ist die in den Worten „zu Zwecken des Wettbewerbes" liegende Voraussetzung als erfüllt anzusehen, gleichviel ob auf Seiten des Mittheilenden oder auf Seiten desjenigen, der die Mittheilung entgegennimmt, die Absicht des Wettbewerbes vorhanden ist.

Motive S. 23. Sitzungsbericht des Reichstags vom 13. Dzbr. 1895 S. 108.

2. Die Kommission des Reichstages war darüber einig, daß der Angestellte, Lehrling oder Arbeiter, der während der Dauer des Dienstverhältnisses die schuldige Diskredition verletzt, sich eines Vertragsbruchs schuldig macht, auf Grund dessen zweifellos auch seine sofortige Entlassung vom Arbeitgeber verfügt werden kann.

Verh. d. Reichstages v. 17. April 1896. S. 1723.

3. Unter Wettbewerb in §§ 9. 10 ist selbstredend der unlautere Wettbewerb zu verstehen.

Verh. d. Reichstages v. 17. April 1896. S. 1742.

4. Voraussetzung für die Anwendung des § 9 ist unter allen Umständen der dolus und zwar muß dieser sich auf alle Thatbestandsmomente erstrecken, welche im § 9 die Voraussetzung der Strafbarkeit bilden.

1. Zunächst muß der Angestellte u. s. w. wissen, daß es ein Geheimniß ist, das er ausplaudert. Hat er diese Kenntniß nicht, sind ihm die Umstände fremd, aus denen es sich ergiebt, daß es sich um ein Geheimniß des Prinzipals handelt, so kann eine Strafe überhaupt nicht eintreten.

§ 10.

Wer zum Zweck des Wettbewerbes es unternimmt, einen Anderen zu einer unbefugten Mittheilung der im § 9 Absatz 1 bezeichneten Art zu bestimmen, wird mit Geldstrafe bis zu zweitausend Mark oder mit Gefängniß bis zu neun Monaten bestraft.

§ 11.

Die in den §§ 1, 6, 8, 9 bezeichneten Ansprüche auf Unterlassung oder Schadensersatz verjähren in sechs Monaten von dem Zeitpunkte an, in welchem der Anspruchsberechtigte von der Handlung und von der Person des Verpflichteten Kenntniß erlangt, ohne Rücksicht auf diese Kenntniß in drei Jahren von der Begehung der Handlung an.

Für die Ansprüche auf Schadensersatz beginnt der Lauf der Verjährung nicht vor dem Zeitpunkt, in welchem ein Schaden entstanden ist.

§ 12.

Die Strafverfolgung tritt mit Ausnahme der im § 5 bezeichneten Fälle nur auf Antrag ein. In den Fällen des § 4 hat das Recht den Strafantrag zu stellen, jeder der im § 1 Absatz 1 bezeichneten Gewerbetreibenden und Verbände.

Die Zurücknahme des Antrages ist zulässig.

Strafbare Handlungen, deren Verfolgung nur auf Antrag eintritt, können von den zum Strafantrage Berechtigten im Wege der Privat-

---

2. Es ist ferner nothwendig daß er zur Kenntniß dieses Geheimnisses vermöge des Vertrauens seines Dienstherrn oder durch die Verhältnisse des Dienstbetriebes gekommen ist.
3. Die Mittheilung muß unbefugt sein.
4. Es muß in der Person des Mittheilenden das Requisit gegeben sein, daß der Verrath entweder zu Zwecken des Wettbewerbes (z. B. um dem Mitbewerber die Benutzung eines in einem andern Geschäft üblichen Verfahrens zu ermöglichen) oder in der Absicht, den Geschäftsinhaber zu schädigen, erfolgte.

Verh. d. Reichstages v. 17. April 1896. S. 1736.

Zu § 10.

Es macht keinen Unterschied, ob der Umstand, daß die Mittheilung zu Zwecken des Wettbewerbes erfolgen soll, nur dem Verleitenden oder, wie zur Strafbarkeit auf Grund des § 9 erfordert wird, auch dem Anderen bekannt war. In den Fällen, in denen die Anstiftung thatsächlich zum Verrath führt, trifft nach allgemeinem Rechtsgrundsatze (§ 48 StGB.) den Anstifter die gleiche Strafe wie den Thäter.

Motive. S. 25.

Zu § 12.

Auf das Verfahren bei der Privatklage finden die allgemeinen Bestimmungen der Prozeßgesetze insbesondere die §§ 414—434 der Straf-Proz.-O. entsprechende Anwendung.

klage verfolgt werden, ohne daß es einer vorgängigen Anrufung der Staatsanwaltschaft bedarf. Die öffentliche Klage wird von der Staatsanwaltschaft nur dann erhoben, wenn dies im öffentlichen Interesse liegt.

Geschieht die Verfolgung im Wege der Privatklage, so sind die Schöffengerichte zuständig.

§ 13.

Wird in den Fällen des § 4 auf Strafe erkannt, so kann angeordnet werden, daß die Verurtheilung auf Kosten des Schuldigen öffentlich bekannt zu machen sei.

Wird in den Fällen des § 7 auf Strafe erkannt, so ist zugleich dem Verletzten die Befugniß zuzusprechen, die Verurtheilung innerhalb bestimmter Frist auf Kosten des Verurtheilten öffentlich bekannt zu machen.

Auf Antrag des freigesprochenen Angeschuldigten kann das Gericht die öffentliche Bekanntmachung der Freisprechung anordnen; die Staatskasse trägt die Kosten, insofern dieselben nicht dem Anzeigenden oder dem Privatkläger auferlegt worden sind.

Ist in den Fällen der §§ 1, 6 und 8 auf Unterlassung Klage erhoben, so kann in dem Urtheile der obsiegenden Partei die Befugniß zugesprochen werden, den verfügenden Theil des Urtheils innerhalb bestimmter Frist auf Kosten der unterliegenden Partei öffentlich bekannt zu machen.

Die Art der Bekanntmachung ist im Urtheil zu bestimmen.

§ 14.

Neben einer nach Maßgabe dieses Gesetzes verhängten Strafe kann auf Verlangen des Verletzten auf eine an ihn zu erlegende Buße bis zum Betrage von zehntausend Mark erkannt werden. Für diese Buße haften die zu derselben Verurtheilten als Gesammtschuldner. Eine erkannte Buße schließt die Geltendmachung eines weiteren Entschädigungsanspruchs aus.

§ 15.

Bürgerliche Rechtsstreitigkeiten, in welchen durch Klage ein Anspruch auf Grund dieses Gesetzes geltend gemacht ist, gehören, insoweit in erster Instanz die Zuständigkeit der Landgerichte begründet ist, vor die Kammer für Handelssachen. Die Verhandlung und Entscheidung letzter Instanz im Sinne des § 8 des Einführungsgesetzes zum Gerichtsverfassungsgesetze wird dem Reichsgericht zugewiesen.

§ 16.

Wer im Inlande eine Hauptniederlassung nicht besitzt, hat auf den Schutz dieses Gesetzes nur insoweit Anspruch, als in dem Staate, in welchem seine Hauptniederlassung sich befindet, nach einer im Reichs-Gesetzblatt enthaltenen Bekanntmachung deutsche Gewerbetreibende einen entsprechenden Schutz genießen.

§ 17.

Dieses Gesetz tritt am 1. Juli 1896 in Kraft.

Zu § 16.

Der Ausdruck „Hauptniederlassung“ ist den mit Oesterreich-Ungarn und mit anderen Staaten getroffenen Uebereinkommen über den gegenseitigen Patentschutz ꝛc. entlehnt. Es soll verhüten, daß eine in mehreren fremden Staaten geschäftlich ansässige Person auch dann Ansprüche aus dem Gesetze geltend machen kann, wenn sie in einem Staate, mit welchem die Gegenseitigkeit verbürgt ist, nur eine Filiale besitzt, während die Hauptniederlassung einem Staate angehört, zu dem eine solche Beziehung nicht besteht.

Motive. S. 27.

II.

Das Reichsgesetz zur Abänderung der Reichs-Gewerbe-Ordnung.

Vom 6. August 1896. R.G.Bl. S. 685.

(Die durch das neue Gesetz bestimmten Zusätze und Abänderungen der betreffenden Vorschriften der Reichsgewerbeordnung sind durch lateinischen Druck bezeichnet.)

---

§ 30. (Art. 1 des R.-Ges.).

Unternehmer von Privat-Kranken-, Privat-Entbindungs- und Privat-Irrenanstalten bedürfen einer Concession der höheren Verwaltungsbehörde.

Die Concession ist nur dann zu versagen:

a) wenn Thatsachen vorliegen, welche die Unzuverlässigkeit des Unternehmers in Beziehung auf die Leitung oder Verwaltung der Anstalt darthun,

b) wenn nach den von dem Unternehmer einzureichenden Beschreibungen und Plänen die baulichen und die sonstigen technischen Einrichtungen der Anstalt den gesundheitspolizeilichen Anforderungen nicht entsprechen.

c) wenn die Anstalt nur in einem Theil eines auch von anderen Personen bewohnten Gebäudes untergebracht werden soll und durch ihren Betrieb für die Mitbewohner dieses Gebäudes erhebliche Nachtheile oder Gefahren hervorrufen kann,

d) wenn die Anstalt zur Aufnahme von Personen mit ansteckenden Krankheiten oder von Geisteskranken bestimmt ist und durch ihre örtliche Lage für die Besitzer oder Bewohner der benachbarten Grundstücke erhebliche Nachtheile oder Gefahren hervorrufen kann.

Vor Ertheilung der Concession sind über die Fragen zu c und d die Ortspolizei- und die Gemeindebehörden zu hören.

Hebammen bedürfen eines Prüfungszeugnisses der nach den Landesgesetzen zuständigen Behörde.

§ 32. (Art. 2), (Art. 22).

Schauspielunternehmer bedürfen zum Betriebe ihres Gewerbes der Erlaubniß. Dieselbe gilt nur für das bei Ertheilung der Erlaubniss bezeichnete Unternehmen. Zum Betriebe eines andern oder eines wesentlich veränderten Unternehmens bedarf es einer neuen Erlaubniss.

Die Erlaubniß ist zu versagen, wenn der Nachsuchende den Besitz der zu dem Unternehmen nöthigen Mittel nicht nachzuweisen vermag oder wenn die Behörde auf Grund von Thatsachen die Ueberzeugung gewinnt, daß derselbe die zu dem beabsichtigten Gewerbebetriebe erforderliche Zuverlässigkeit, insbesondere in sittlicher, artistischer und finanzieller Hinsicht nicht besitzt.

Die Schauspielunternehmern zum Betriebe ihres Gewerbes bisher ertheilte Erlaubniss gilt nur für das beim Inkrafttreten dieses Gesetzes betriebene Unternehmen.

§ 33 (Art. 3).

Wer Gastwirthschaft, Schankwirthschaft oder Kleinhandel mit Branntwein oder Spiritus betreiben will, bedarf dazu der Erlaubniß.

Zu Art. 2.

1. Soll die Prüfung der finanziellen Zuverlässigkeit Werth haben, so muß die Geltung der Erlaubniß auf ein bestimmtes Unternehmen beschränkt werden, so daß für ein andres oder ein wesentlich verändertes Unternehmen eine neue Erlaubniß erforderlich ist. Wenn die Behörden bei Ertheilung der Erlaubniß auf eine möglichst genaue Bezeichnung des Unternehmens Bedacht nehmen, so werden später genügende Anhaltspunkte für die Beurtheilung der Frage nicht fehlen, ob es sich beispielsweise in Fällen eines Wechsels der Oertlichkeit des Betriebes um ein andres oder ein wesentlich verändertes Unternehmen handelt.

Motive. S. 9.

2. Die Frage, welche Behörde die Erlaubniß zu ertheilen hat, richtet sich nach dem Landrecht. In Preußen ist dieses der Bezirksausschuß, in Berlin der Polizeipräsident.

Verh. des Reichstages v. 6. März 1896. S. 1258.

3. Ob und in welchem Umfange zu dem fraglichen Zeitpunkt ein bestimmtes Unternehmen insbesondere auch im Falle einer Unterbrechung des Gewerbebetriebes (§ 49 Abs. 3 Gew.-O.) als thatsächlich betrieben angesehen werden kann, ist nach den Umständen des einzelnen Falles zu ermessen. Jedenfalls aber gilt, wenn ein konzessionirter Unternehmer bei Inkrafttreten dieses Gesetzes den Gewerbebetrieb überhaupt noch nicht angefangen hat (§ 49 Abs. 1 a. a. O.), die früher ertheilte Konzession als erloschen.

Motive zu Art. 22 (19).

Zu Art. 3.

Es ist eine quaestio facti, ob das Lokal eines Branntweinkasinos als eine Schankstätte bezw. als ein öffentliches Lokal angesehen werden kann. Ist dieses der

Diese Erlaubniß ist nur dann zu versagen:

1. wenn gegen den Nachsuchenden Thatsachen vorliegen, welche die Annahme rechtfertigen, daß er das Gewerbe zur Förderung der Völlerei, des verbotenen Spiels, der Hehlerei oder der Unsittlichkeit mißbrauchen werde;
2. wenn das zum Betriebe des Gewerbes bestimmte Lokal wegen seiner Beschaffenheit oder Lage den polizeilichen Anforderungen nicht genügt.

Die Landesregierungen sind befugt, außerdem zu bestimmen, daß

a) die Erlaubniß zum Ausschänken von Branntwein oder zum Kleinhandel mit Branntwein oder Spiritus allgemein,

b) die Erlaubniß zum Betriebe der Gastwirthschaft oder zum Ausschänken von Wein, Bier oder anderen, nicht unter a fallenden, geistigen Getränken in Ortschaften mit weniger als 15 000 Einwohnern, sowie in solchen Ortschaften mit einer größeren Einwohnerzahl, für welche dies durch Ortsstatut (§ 142) festgesetzt wird,

von dem Nachweis eines vorhandenen Bedürfnisses abhängig sein solle.

Vor Ertheilung der Erlaubniß ist die Ortspolizei- und die Gemeindebehörde gutachtlich zu hören.

Die vorstehenden Bestimmungen finden auf Vereine, welche den gemeinschaftlichen Einkauf von Lebens- und Wirthschaftsbedürfnissen im Grossen und deren Absatz im Kleinen zum ausschliesslichen oder hauptsächlichen Zweck haben, einschliesslich der bereits bestehenden, auch dann Anwendung, wenn der Betrieb auf den Kreis der Mitglieder beschränkt ist.

Die Landesregierungen können anordnen, dass die vorstehenden Bestimmungen, mit Ausnahme derjenigen in Absatz 3 unter b, auch auf andere Vereine, einschliesslich der bereits bestehenden, selbst dann Anwendung finden, wenn der Betrieb auf den Kreis der Mitglieder beschränkt ist.

§ 35 (Art. 4), (Art. 5).

Die Ertheilung von Tanz-, Turn- und Schwimmunterricht als Gewerbe, sowie der Betrieb von Badeanstalten ist zu untersagen, wenn

---

Fall, so finden auch die Vorschriften über die Polizeistunde, welche von der Lokal- oder Landes-Polizeibehörde erlassen sind, auf diese Lokale Anwendung.

Verh. des Reichstages v. 7. März 1896. S. 1282.

Zu Art. 4.

1. Der auf den Handel mit Loosen von Lotterien und Ausspielungen bezügliche auf einem Antrage der Abgeordneten Gröber, von Holleufer, Dr. Hitze und

Thatsachen vorliegen, welche die Unzuverlässigkeit des Gewerbetreibenden in Bezug auf diesen Gewerbebetrieb darthun.

Unter derselben Voraussetzung sind zu untersagen: der Trödelhandel (Handel mit gebrauchten Kleidern, gebrauchten Betten oder gebrauchter Wäsche, Kleinhandel mit altem Metallgeräth, mit Metallbruch oder dergleichen) sowie der Kleinhandel mit Garnabfällen oder Dräumen von Seide, Wolle, Baumwolle oder Leinen, der Handel mit Dynamit oder anderen Sprengstoffen und der Handel mit Loosen von Lotterien und Ausspielungen, oder mit Bezugs- und Antheilscheinen auf solche Loose.

Dasselbe gilt von der gewerbsmäßigen Besorgung fremder Rechtsangelegenheiten und bei Behörden wahrzunehmender Geschäfte, insbesondere der Abfassung der darauf bezüglichen schriftlichen Aufsätze, von dem gewerbsmäßigen Betriebe der Viehverstellung (Viehpacht), des Viehhandels und des Handels mit ländlichen Grundstücken, von dem Geschäfte der gewerbsmäßigen Vermittelungsagenten für Immobiliarverträge, Darlehen und Heirathen, von dem Geschäfte eines Gesindevermiethers und eines Stellenvermittlers, sowie vom Geschäfte eines Auktionators.

Der Handel mit Droguen und chemischen Präparaten, welche zu Heilzwecken dienen, ist zu untersagen, wenn die Handhabung des Gewerbebetriebes Leben und Gesundheit von Menschen gefährdet. Der Kleinhandel mit Bier kann untersagt werden, wenn der Gewerbetreibende wiederholt wegen Zuwiderhandlungen gegen die Vorschriften des § 33 bestraft ist.

Ist die Untersagung erfolgt, so kann die Landes-Centralbehörde oder eine andere von ihr zu bestimmende Behörde die Wiederaufnahme des Gewerbebetriebes gestatten, sofern seit der Untersagung mindestens ein Jahr verflossen ist.

Jacobskötter beruhende Passus bezweckt die Beseitigung der bei dem Loosehandel bestehenden Mißbräuche. Es ist hierbei namentlich an die Schädigung der Looseabnehmer durch falsche Angaben, Unterschlagungen u. s. w. gedacht. Auch soll durch die betreffende Bestimmung der Regierung eine Handhabe geboten werden, um in Fällen des Handels mit verbotenen Loosen den Geschäftsbetrieb untersagen zu können.

Verh. des Reichstages v. 7. März 1896. S. 1294.

2. Die Unzuverlässigkeit kann nicht bloß darin gefunden werden, daß beim Handel mit Bier Winkelschank geübt worden ist, sondern auch in Mißbräuchen andrer Art insbesondere z. B. darin, daß wiederholt gegen das Nahrungsmittelgesetz gefehlt ist.

Verh. d. Reichstages v. 9. März 1896. S. 1312.

Denjenigen, welche gewerbsmäßig das Geschäft eines Auktionators betreiben, ist es verboten, Immobilien zu versteigern, wenn sie nicht von den dazu befugten Staats- oder Kommunalbehörden oder Korporationen als solche angestellt sind (§ 36).

Personen, welche die in diesem Paragraphen bezeichneten Gewerbe beginnen, haben bei Eröffnung ihres Gewerbebetriebes der zuständigen Behörde hiervon Anzeige zu machen.

§ 41a (Art. 6).

Soweit nach den Bestimmungen der §§ 105b bis 105h Gehülfen, Lehrlingen und Arbeiter an Sonn- und Festtagen nicht beschäftigt werden dürfen, darf in offenen Verkaufsstellen ein Gewerbebetrieb an diesen Tagen nicht stattfinden.

Diese Bestimmung findet auf den Geschäftsbetrieb von Consum- und anderen Vereinen entsprechende Anwendung.

Weitergehenden landesgesetzlichen Beschränkungen des Gewerbebetriebes an Sonn- und Festtagen steht diese Bestimmung nicht entgegen.

§ 42b (Art. 7), (Art. 8).

Durch die höhere Verwaltungsbehörde nach Anhörung der Gemeindebehörde oder durch Beschluss der Gemeindebehörde mit Genehmigung der höheren Verwaltungsbehörde kann für einzelne Gemeinden bestimmt werden, daß Personen, welche in dem Gemeindebezirke einen Wohnsitz oder eine gewerbliche Niederlassung besitzen und welche innerhalb des Gemeindebezirks auf öffentlichen Wegen, Straßen, Plätzen oder an an anderen öffentlichen Orten oder ohne vorgängige Bestellung von Haus zu Haus

1. Waaren feilbieten, oder
2. Waaren bei anderen Personen, als bei Kaufleuten oder solchen Personen, welche die Waaren produziren, oder an anderen Orten als in offenen Verkaufsstellen zum Wiederverkauf ankaufen, oder Waarenbestellungen bei Personen, in deren Gewerbebetriebe Waaren der angebotenen Art keine Verwendung finden, aufsuchen, oder

---

Zu Art. 6.

Unter „andern Vereinen" sind nur solche zu verstehen, welche ein Handelsgewerbe treiben oder einen Handelsbetrieb haben.

Verh. d. Reichstages v. 11. März 1896. S. 1393.

Zu Art. 7.

Durch den im zweiten Satz des Absatzes 3 vorgesehene Einschaltung wird der Ortspolizeibehörde die Befugniß gesichert, das Feilbieten der im § 59 Nr. 1 und 2 bezeichneten Gegenstände durch Kinder unter 14 Jahren zu verbieten.

3. gewerbliche Leistungen, hinsichtlich deren dies nicht Landesgebrauch ist, anbieten wollen,

der Erlaubniß bedürfen. Diese Bestimmung kann auf einzelne Theile des Gemeindebezirks sowie auf gewisse Gattungen von Waaren und Leistungen beschränkt werden.

Auf die Ertheilung, Versagung und Zurücknahme der Erlaubniß finden die Vorschriften der §§ 57, 57a, 57b, 58 und 59 Absatz 1, und auf die Ausübung des Gewerbebetriebes die Vorschriften der §§ 60b, 60c, 60d Absatz 1 und 2 und 63 Absatz 2 entsprechende Anwendung.

In Betreff der im § 59 Ziffer 1 und 2 bezeichneten Erzeugnisse und Waaren, auch wenn dieselben nicht zu den selbstgewonnenen oder selbstverfertigten gehören, ferner in Betreff der Druckschriften, anderen Schriften und Bildwerken, insoweit der Gewerbebetrieb hiermit von Haus zu Haus stattfindet, sowie in Betreff der vom Bundesrath in Gemäßheit des § 44 Absatz 1 gestatteten Ausnahmen darf der betreffende Gewerbebetrieb in dem Gemeindebezirk des Wohnsitzes oder der gewerblichen Niederlassung von einer Erlaubniß nicht abhängig gemacht werden. In Betreff der im § 59 Ziffer 1 und 2 bezeichneten Erzeugnisse und Waaren kann jedoch der Gewerbebetrieb unter den in § 57 Ziffer 1 bis 4 erwähnten Voraussetzungen untersagt, so wie nach Maßgabe des § 60b Absatz 2 und § 60c Absatz 2 beschränkt und gemäss § 60b Absatz 3 verboten werden.

Auf die Untersagung dieses Gewerbebetriebes finden die Vorschriften des § 63 Absatz 1, auf die Beschränkung derselben die Vorschriften des § 63 Absatz 3 entsprechende Anwendung.

Die höhere Verwaltungsbehörde ist befugt, die vom Bundesrath gemäß § 56d getroffenen Bestimmungen auf diejenigen Ausländer entsprechend anzuwenden, welche innerhalb des Gemeindebezirks ihres Wohnortes oder ihrer gewerblichen Niederlassung auf öffentlichen Wegen, Straßen, Plätzen oder an anderen öffentlichen Orten, oder ohne vorgängige Bestellung von Haus zu Haus eins der unter Ziffer 1 bis 3 bezeichneten Gewerbe betreiben wollen.

Kinder unter vierzehn Jahren dürfen, auch wenn eine Bestimmung nach Absatz 1 nicht getroffen ist, auf öffentlichen Wegen, Strassen, Plätzen oder an öffentlichen Orten oder ohne vorgängige Bestellung von Haus zu Haus Gegenstände nicht feilbieten. In Orten, wo ein derartiges Feilbieten durch Kinder herkömmlich ist, darf die Ortspolizeibehörde ein solches für bestimmte Zeitabschnitte, welche in einem Kalenderjahr zusammen vier Wochen nicht überschreiten dürfen, gestatten.

§ 44 (Art. 9).

Wer ein stehendes Gewerbe betreibt, ist befugt, auch außerhalb des Gemeindebezirks seiner gewerblichen Niederlassung persönlich oder durch in seinem Dienste stehende Reisende für die Zwecke seines Gewerbebetriebes Waaren aufzukaufen und Bestellungen auf Waaren zu suchen.

Die aufgekauften Waaren dürfen nur behufs deren Beförderung nach dem Bestimmungsorte mitgeführt werden; von den Waaren, auf welche Bestellungen gesucht werden, dürfen nur Proben und Muster mitgeführt werden, soweit nicht der Bundesrath für bestimmte Waaren, welche im Verhältnisse zu ihrem Umfange einen hohen Werth haben und übungsgemäß an die Wiederverkäufer im Stück abgesetzt werden, zum Zweck des Absatzes an Personen, welche damit Handel treiben, Ausnahmen zuläßt.

Das Aufkaufen darf ferner nur bei Kaufleuten oder solchen Personen, welche die Waaren produziren, oder in offenen Verkaufsstellen erfolgen. Ingleichen darf das Aufsuchen von Bestellungen auf Waaren, mit Ausnahme von Druckschriften, andern Schriften und Bildwerken und, soweit nicht der Bundesrath noch für andere Waaren oder Gegenden oder Gruppen von Gewerbetreibenden Ausnahmen zulässt, ohne vorgängige ausdrückliche Aufforderung nur bei Kaufleuten in deren Geschäftsräume, oder bei solchen Personen geschehen, in deren Geschäftsbetrieb Waaren der angebotenen Art Verwendung finden.

Hinsichtlich des Aufsuchens von Bestellungen auf Druckschriften, andere Schriften und Bildwerke finden die Vorschriften des § 56 Absatz 3 entsprechende Anwendung.

§ 44a. (Art. 10).

Wer in Gemäßheit des § 44 Waarenbestellungen aufsucht oder Waaren aufkauft, bedarf hierzu einer Legitimationskarte, welche

---

1. Der Ausdruck „Aufforderung" hat eine wesentlich andre Bedeutung als „Bestellung". Die Aufforderung kann beispielsweise darauf gerichtet sein, eine Bestellung entgegen zu nehmen. Auch ist unter dem Ausdruck „vorgängige Aufforderung" nicht zu verstehen, daß für jeden einzelnen Fall die Aufforderung zum Besuch nöthig.

Vgl. Verh. des Reichstages v. 9. Juni 1886. S. 2489.

2. Druckschriften, welche in politischer Beziehung Aergerniß geben, werden nur dann auszuschließen sein, wenn dieses politische Aergerniß mit einem sittlichen oder religiösen Aergerniß verquickt ist.

Verh. d. Reichstages v. 11. März 1896. S. 1365.

Zu Art. 10.

Bei der Streichung der Worte Absatz 1 und 2 in der Z. 1 hinter § 44 im Eingange des § 44a Gew.-O. handelt es sich nur um eine redaktionelle Berichtigung.

auf den Antrag des Inhabers des stehenden Gewerbebetriebes von der für dessen Niederlassungsort zuständigen Verwaltungsbehörde für die Dauer des Kalenderjahres und den Umfang des Reichs ausgestellt wird. Die Legitimationskarte enthält den Namen des Inhabers derselben, den Namen der Person oder Firma, in deren Diensten er handelt, und die nähere Bezeichnung des Gewerbebetriebes.

Der Inhaber der Legitimationskarte ist verpflichtet, dieselbe während der Ausübung des Gewerbebetriebes bei sich zu führen, auf Erfordern den zuständigen Behördern oder Beamten vorzuzeigen und, sofern er hierzu nicht im Stande ist, auf deren Geheiß den Betrieb bis zur Herbeischaffung der Legitimationskarte einzustellen.

Die Legitimationskarte kann durch die Behörde, welche sie ausgestellt hat, zurückgenommen werden, wenn sich ergiebt, daß eine der in § 57 Ziffer 1—4 bezeichneten Voraussetzungen zur Zeit der Ertheilung derselben vorhanden gewesen, der Behörde aber unbekannt geblieben, oder nach Ertheilung derselben eingetreten ist, oder wenn bei dem Geschäftsbetriebe die in § 44 gezogenen Schranken überschritten werden.

Wegen des Verfahrens gelten die Vorschriften des § 63 Abs. 1.

Einer Legitimationskarte bedürfen diejenigen Gewerbetreibenden nicht, welche durch die in den Zollvereins- oder Handelsverträgen vorgesehene Gewerbelegitimationskarte bereits legitimirt sind. In Betreff dieser Gewerbetreibenden finden die vorstehenden Bestimmungen über die Verpflichtung zum Mitführen der Legitimationskarte, über die Folgen der Nichterfüllung dieser Verpflichtung, sowie über die Versagung und Znrücknahme der Karte entsprechende Anwendung.

§ 53 (Art. 11).

Die in dem § 29 bezeichneten Approbationen können von der Verwaltungsbehörde nur dann zurückgenommen werden, wenn die Unrichtigkeit der Nachweise dargethan wird, auf Grund deren solche ertheilt worden sind, oder wenn dem Inhaber der Approbation die bürgerlichen Ehrenrechte aberkannt sind, im letzteren Falle jedoch nur für die Dauer des Ehrenverlustes.

Außer in diesen Gründen können die in den §§ 30, 30a, 32, 33, 34 und 36 bezeichneten Genehmigungen und Bestallungen in gleicher Weise zurückgenommen werden, wenn aus Handlungen oder Unterlassungen des Inhabers der Mangel derjenigen Eigenschaften, welche bei der Ertheilung der Genehmigung oder Bestallung nach der Vorschrift dieses Gesetzes vorausgesetzt werden mußten, klar erhellt. Inwiefern durch die Handlungen oder Unterlassungen eine Strafe verwirkt ist, bleibt der richterlichen Entscheidung vorbehalten.

Pfandleihern, welche vor dem Inkrafttreten des Gesetzes vom 23. Juli 1879 (Reichs-Gesetzbl. S. 267) den Gewerbebetrieb begonnen haben, kann derselbe untersagt werden, wenn Thatsachen vorliegen, welche die Unzuverlässigkeit des Gewerbetreibenden in Bezug auf den Gewerbebetrieb darthun. Ist die Untersagung erfolgt, so kann die Landes-Centralbehörde oder eine andere von ihr zu bestimmende Behörde die Wiederaufnahme des Gewerbebetriebes gestatten, sofern seit der Untersagung mindestens ein Jahr verflossen ist.

§ 56 (Art. 12).

Beschränkungen, vermöge deren gewisse Waaren von dem Feilbieten im stehenden Gewerbebetriebe ganz oder theilweise ausgeschlossen sind, gelten auch für deren Feilhalten im Umherziehen.

Ausgeschlossen vom Ankauf oder Feilbieten im Umherziehen sind:

1. geistige Getränke, soweit nicht das Feilbieten derselben von der Ortspolizeibehörde im Falle besonderen Bedürfnisses vorübergehend gestattet ist;
2. gebrauchte Kleider, gebrauchte Wäsche, gebrauchte Betten und gebrauchte Bettstücke, insbesondere Bettfedern, Menschenhaare, Garnabfälle, Enden und Dräumen von Seide, Wolle, Leinen oder Baumwolle;
3. Gold- und Silberwaaren, Bruchgeld und Bruchsilber, sowie Taschenuhren;
4. Spielkarten;
5. Staats- und sonstige Werthpapiere, Lotterieloose, Bezugs- und Antheilscheine auf Werthpapiere und Lotterieloose;
6. explosive Stoffe, insbesondere Feuerwerkskörper, Schießpulver und Dynamit;
7. solche mineralische und andere Oele, welche leicht entzündlich sind, insbesondere Petroleum, sowie Spiritus;
8. Stoß-, Hieb- und Schußwaffen;
9. Gifte und gifthaltige Waaren, Arznei- und Geheimmittel.
10. Bäume aller Art, Sträucher, Schnitt-, Wurzel-Reben, Futtermittel und Sämereien, mit Ausnahme von Gemüse und Blumensamen;
11. Schmucksachen, Bijouterien, Brillen und optische Instrumente.

Zu Art. 12 Nr. 11.

1. Unter Schmucksachen sind zu verstehen:

Gegenstände aus edlem oder unedlem Metall, aus edlen oder unedlen Edelsteinen, aus bearbeiteten und unbearbeiteten Naturerzeugnissen, welche seit ältester Zeit zur Verzierung einzelner Körpertheile dienen, als Haar-, Ohr-, Arm- und Fingerringe, Halsketten, Diademe und dergleichen mehr.

Ausgeschlossen vom Feilbieten und Aufsuchen von Bestellungen im Umherziehen sind ferner:

12. Druckschriften, andere Schriften und Bildwerke, insofern sie in sittlicher oder religiöser Beziehung Aergerniß zu geben geeignet sind, oder mittelst Zusicherung von Prämien oder Gewinnen vertrieben werden, oder in Lieferungen erscheinen, wenn nicht der Gesammtpreis auf jeder einzelnen Lieferung an einer in die Augen fallenden Stelle bestimmt verzeichnet wird.

Wer Druckschriften, andere Schriften oder Bildwerke im Umherziehen feilbieten will, hat ein Verzeichniß derselben der zuständigen Verwaltungsbehörde seines Wohnortes zur Genehmigung vorzulegen. Die Genehmigung ist nur zu versagen, soweit das Verzeichniß Druckschriften, andere Schriften oder Bildwerke der bezeichneten Art enthält. Der Gewerbetreibende darf nur die in dem genehmigten Verzeichnisse enthaltenen Druckschriften, anderen Schriften oder Bildwerke bei sich führen, und ist verpflichtet, daß Verzeichniß während der Ausübung des Gewerbebetriebes bei sich zu führen, auf Erfordern der zuständigen Behörden oder Beamten vorzuzeigen und, sofern er hierzu nicht im Stande ist, auf deren Geheiß den Betrieb bis zur Herbeischaffung des Verzeichnisses einzustellen.

§ 56a (Art. 13).

Ausgeschlossen vom Gewerbebetriebe im Umherziehen sind ferner:

1. die Ausübung der Heilkunde, insoweit der Ausübende für dieselbe nicht approbirt ist;
2. das Aufsuchen sowie die Vermittelung von Darlehnsgeschäften und von Rückkaufsgeschäften ohne vorgängige Bestellung, ferner das Aufsuchen von Bestellungen auf Staats- und sonstige Werthpapiere, Lotterieloose und Bezugs- und Antheilscheine auf Werthpapiere und Lotterieloose;

Textilien und Stickereien sind nicht zu den Schmucksachen zu rechnen.

Verh. d. Reichstages v. 12. Juni 1896. S. 2559.

2. Der Begriff „Schmucksachen, Bijouterien" ist in der Praxis ein ziemlich feststehender. In zweifelhaften Fällen wird sich eine bestimmte Definition durch die Praxis bezw. die Rechtsprechung der Gerichte herausbilden.

Verh. d. Reichstages v. 11. März 1896. S. 1370.

3. Spitzen sind nicht zu den Schmucksachen zu rechnen.

Verh. d. Reichstages v. 11. März 1896. S. 1383.

Zu Art. 13.

Diese Bestimmung ist auf Antrag der Abgeordneten Gröber, von Holleuffer, Dr. Hitze und Jacobskötter eingeschaltet. Derselbe wurde mit der Ausführung be-

3. das Aufsuchen von Bestellungen auf Branntwein und Spiritus bei Personen, in deren Gewerbebetriebe dieselben keine Verwendung finden.
4. das Feilbieten von Waaren sowie das Aufsuchen von Bestellungen auf Waaren, wenn solche gegen Theilzahlungen unter dem Vorbehalt veräussert werden, dass der Veräusserer wegen Nichterfüllung der dem Erwerber obliegenden Verpflichtungen von dem Vertrage zurücktreten kann (§§ 1 und 6 des Gesetzes, betreffend die Abzahlungsgeschäfte, vom 16. Mai 1894).

§ 56b (Art. 14).

Der Bundesrath ist befugt, soweit ein Bedürfniß obwaltet, anzuordnen, daß und inwiefern der Ankauf oder das Feilbieten von einzelnen der im § 56 Absatz 2 ausgeschlossenen Waaren im Umherziehen gestattet sein soll.

Die gleiche Befugniss steht den Landesregierungen für ihr Gebiet oder Theile desselben hinsichtlich der im § 56 Absatz 2 Ziffer 10 bezeichneten Gegenstände zu.

Aus Gründen der öffentlichen Sicherheit, sowie zur Abwehr oder Unterdrückung von Seuchen kann durch Beschluß des Bundesraths und in dringenden Fällen durch Anordnung des Reichskanzlers nach Einvernehmen mit dem Ausschuß des Bundesraths für Handel und Verkehr für den Umfang des Reichs oder für Theile desselben bestimmt werden, daß und inwiefern außer den in den §§ 56 und 56a aufgeführten Gegenständen und Leistungen auch noch andere Gegenstände und Leistungen auf bestimmte Dauer von dem Gewerbebetriebe im Umherziehen ausgeschlossen sein sollen. Die Anordnung ist dem Reichstag sofort, oder, wenn derselbe nicht versammelt ist, bei seinem nächsten Zusammentritt mitzutheilen. Dieselbe ist außer Kraft zu setzen, wenn der Reichstag die Zustimmung nicht ertheilt.

Durch die Landesregierungen kann das Umherziehen mit Zuchthengsten zur Deckung von Stuten untersagt werden. Desgleichen kann zur Abwehr oder Unterdrückung von Seuchen der Handel mit Rindvieh, Schweinen, Schafen, Ziegen oder Geflügel im Umherziehen Beschränkungen unterworfen oder auf bestimmte Dauer untersagt werden.

---

gründet, daß die Abzahlungsgeschäfte insofern besondere Gefahren bieten, als sie einerseits dem Leichtsinn Vorschub leisten, andrerseits der Mißbrauch der Ausbeutung zu besorgen sei.

Verh. d. Reichstages v. 11. März 1896. S. 1381.

§ 56c (Art. 15).

Das Feilbieten von Waaren im Umherziehen in der Art, daß dieselben versteigert oder im Wege des Glückspiels oder der Ausspielung (Lotterie) abgesetzt werden, ist nicht gestattet. Ausnahmen von diesem Verbote dürfen von der zuständigen Behörde zugelassen werden, hinsichtlich der Wanderversteigerungen jedoch nur bei Waaren, welche dem raschen Verderben ausgesetzt sind.

Oeffentliche Ankündigungen des Gewerbebetriebes dürfen nur unter dem Namen des Gewerbetreibenden mit Hinzufügung seines Wohnortes erlassen werden. Wird für den Gewerbebetrieb eine Verkaufsstelle benutzt, so muß an derselben in einer für Jedermann erkennbaren Weise wie den Namen und Wohnort des Gewerbetreibenden angebender Aushang angebracht werden. Dies gilt insbesondere von den Wanderlagern.

§ 57 (Art. 16).

Der Wandergewerbeschein ist zu versagen:

1. wenn der Nachsuchende mit einer abschreckenden oder ansteckenden Krankheit behaftet oder in einer abschreckenden Weise entstellt ist;
2. wenn er unter Polizeiaufsicht steht;
3. wenn er wegen strafbarer Handlungen aus Gewinnsucht gegen das Eigenthum, gegen die Sittlichkeit, wegen vorsätzlicher Angriffe auf das Leben und die Gesundheit der Menschen, wegen Land- oder Hausfriedensbruchs, wegen Widerstands gegen die Staatsgewalt, wegen vorsätzlicher Brandstiftung, wegen Zuwiderhandlungen gegen Verbote oder Sicherheitsmaßregeln, betreffend Einführung oder Verbreitung ansteckender Krankheiten oder Viehseuchen, zu einer Freiheitsstrafe von mindestens drei Monaten verurtheilt ist.

§ 57a (Art. 17).

Der Wandergewerbeschein ist in der Regel zu versagen:

1. wenn der Nachsuchende das fünf und zwanzigste Lebensjahr noch nicht vollendet hat;

   Im Falle der Nr. 1 ist dem Nachsuchenden der Wandergewerbeschein zu ertheilen, wenn er der Ernährer einer Familie ist und bereits vier Jahre im Wandergewerbe thätig gewesen ist.
2. wenn er blind, taub oder stumm ist, oder an Geistesschwäche leidet.

Zu Art. 17.
Die Behörden bleiben nach wie vor befugt, besonderen Verhältnissen durch Zulassung von Ausnahmen Rechnung zu tragen.

§ 57b (Art. 18).

Der Wandergewerbeschein darf außerdem nur versagt werden:

1. wenn der Nachsuchende im Inlande einen festen Wohnsitz nicht hat;
2. wenn er wegen strafbarer Handlungen aus Gewinnsucht, gegen das Eigenthum, gegen die Sittlichkeit, wegen vorsätzlicher Angriffe auf das Leben und die Gesundheit der Menschen, wegen Hausfriedensbruchs, wegen Widerstands gegen die Staatsgewalt, wegen vorsätzlicher Brandstiftung, wegen Zuwiderhandlungen gegen Verbote oder Sicherungsmaßregeln, betreffend Einführung oder Verbreitung ansteckender Krankheiten oder Viehseuchen, zu einer Freiheitsstrafe von mindestens einer Woche verurtheilt ist, und seit der Verbüßung der Strafe fünf Jahre noch nicht verflossen sind,
3. wenn er wegen Verletzung der auf den Gewerbebetrieb im Umherziehen bezüglichen Vorschriften im Laufe der letzten drei Jahre wiederholt bestraft ist;
4. wenn er ein oder mehrere Kinder besitzt, für deren Unterhalt, und, sofern sie im schulpflichtigen Alter stehen, für deren Unterricht nicht genügend gesorgt ist.

§ 60b (Art. 19).

Minderjährigen Personen kann in dem Wandergewerbeschein die Beschränkung auferlegt werden, daß sie das Gewerbe nicht nach Sonnenuntergang, und minderjährigen Personen weiblichen Geschlechts kann außerdem die Beschränkung auferlegt werden, daß sie dasselbe nur auf öffentlichen Wegen, Straßen und Plätzen, nicht aber von Haus zu Haus betreiben dürfen.

Desgleichen kann von der Ortspolizeibehörde minderjährigen Personen verboten werden, daß sie innerhalb des Polizeibezirks die im § 59 Ziffer 1 und 2 aufgeführten Gegenstände nach Sonnenuntergang, und minderjährigen Personen weiblichen Geschlechts, daß sie dieselben Gegenstände von Haus zu Haus feilbieten.

Das Feilbieten der im § 59 Ziffer 1 und 2 bezeichneten Gegenstände durch Kinder unter vierzehn Jahren kann von der Ortspolizeibehörde verboten werden.

§ 105b (Art. 20).

Im Betriebe von Bergwerken, Salinen, Aufbereitungsanstalten, Brüchen und Gruben, von Hüttenwerken, Fabriken und Werkstätten, von Zimmerplätzen und anderen Bauhöfen, von Werften und Ziegeleien, sowie bei Bauten aller Art dürfen Arbeiter an Sonn- und Festtagen nicht beschäftigt werden. Die den Arbeitern zu gewährende Ruhe hat mindestens für jeden Sonn- und Festtag vierundzwanzig, für zwei aufeinander folgende Sonn- und Festtage sechsunddreißig, für das Weihnachts-, Oster- und Pfingstfest achtundvierzig Stunden zu dauern. Die Ruhezeit ist von zwölf Uhr Nachts zu rechnen und muß bei zwei aufeinander folgenden Sonn- und Festtagen bis sechs Uhr Abends des zweiten Tages dauern. In Betrieben mit regelmäßiger Tag- und Nachtschicht kann die Ruhezeit frühestens um sechs Uhr Abends des vorhergehenden Werktages, spätestens um sechs Uhr Morgens des Sonn- und Festtages beginnen, wenn für die auf den Beginn der Ruhezeit folgenden vierundzwanzig Stunden der Betrieb ruht.

Im Handelsgewerbe dürfen Gehülfen, Lehrlinge und Arbeiter am ersten Weihnachts-, Oster- und Pfingsttage überhaupt nicht, im Uebrigen an Sonn- und Festtagen nicht länger als fünf Stunden beschäftigt werden. Durch statutarische Bestimmung einer Gemeinde oder eines weiteren Kommunalverbandes (§ 142) kann diese Beschäftigung für alle oder einzelne Zweige des Handelsgewerbes auf kürzere Zeit eingeschränkt oder ganz untersagt werden. Für die letzten vier Wochen vor Weihnachten, sowie für einzelne Sonn- und Festtage, an welchen örtliche Verhältnisse einen erweiterten Geschäftsverkehr erforderlich machen, kann die Polizeibehörde eine Vermehrung der Stunden, während welcher die Beschäftigung stattfinden darf, bis auf zehn Stunden zulassen. Die Stunden, während welcher die Beschäftigung stattfinden darf, werden unter Berücksichtigung der für den öffentlichen Gottesdienst bestimmten Zeit, sofern die Beschäftigungszeit durch statutarische Bestimmungen eingeschränkt worden ist, durch letztere, im Uebrigen von der Polizeibehörde festgestellt. Die Feststellung kann für verschiedene Zweige des Handelsgewerbes verschieden erfolgen.

Die Bestimmungen des Absatzes 2 finden auf die Beschäftigung von Gehülfen, Lehrlingen und Arbeitern im Geschäftsbetriebe von Konsum- und anderen Vereinen entsprechende Anwendung.

§ 148 (Art. 21).

Mit Geldstrafe bis zu einhundertfünfzig Mark und im Unvermögensfalle mit Haft bis vier Wochen wird bestraft:

1. wer außer den im § 147 vorgesehenen Fällen ein stehendes Gewerbe beginnt, ohne dasselbe vorschriftsmäßig anzuzeigen;
2. wer die im § 14 erforderte An- und Abmeldung einer übernommenen Feuerversicheruagsagentur unterläßt;

Zu Art. 20.
Vgl. die Note zu Art. 6.

3. wer die im § 14 erforderten Anzeigen über das Betriebslokal unterläßt;
4. wer der nach § 35 gegen ihn ergangenen Untersagung eines Gewerbebetriebes zuwiderhandelt, oder die im § 35 vorgeschriebene Anzeige unterläßt;
5. wer dem § 33b oder außer den im § 149 Ziffer 1 vorgesehenen Fällen den §§ 42a bis 44a zuwiderhandelt, oder seine Legitimationskarte (§ 44a) oder seinen Wandergewerbeschein (§ 55) einem Anderen zur Benutzung überläßt;
6. wer zum Zwecke der Erlangung einer Legitimationskarte, eines Wandergewerbescheins oder der im § 62 vorgesehenen Erlaubniß in Bezug auf seine Person, oder die Personen, die er mit sich zu führen beabsichtigt, wissentlich unrichtige Angaben macht;
7. wer ein Gewerbe im Umherziehen ohne den gesetzlich erforderlichen Wandergewerbeschein, imgleichen wer eines der im § 59 Ziffer 1 bis 3 bezeichneten Gewerbe der nach § 59a ergangenen Untersagung zuwider betreibt;

7a. wer dem § 56 Absatz 1, Absatz 2 Ziffer 1 bis 5, 7 bis 11, Absatz 3, § 56a oder § 56b zuwiderhandelt;

7b. wer den Vorschriften der §§ 56c, 60a, 60b Absatz 2 und 3 oder 60c Absatz 2 und 3 zuwiderhandelt;

7c. wer einer ihm in Gemäßheit des § 60 Absatz 1, § 60b Absatz 1 oder des § 60d Absatz 3 in dem Wandergewerbescheine auferlegten Beschränkung zuwiderhandelt;

7d. wer bei dem Gewerbebetriebe im Umherziehen Kinder unter vierzehn Jahren zu gewerblichen Zwecken mit sich führt; oder zu dem nach § 42b Absatz 5 verbotenen Gewerbebetrieb Kinder unter vierzehn Jahren anleitet oder ausschickt;

7e. ein Ausländer, welcher bei dem Gewerbebetriebe im Umherziehen den in Gemäßheit des § 56d vom Bundesrath getroffenen Bestimmungen zuwiderhandelt;

8. wer bei dem Betriebe seines Gewerbes die von der Obrigkeit vorgeschriebenen oder genehmigten Taxen überschreitet;
9. wer die gesetzlichen Pflichten gegen die ihm anvertrauten Lehrlinge verletzt;

Zu § 148 Nr. 4.

Aus dem Worte „zuwiderhandeln" ist zu folgern, daß der Gesetzgeber *jede einzelne* Handlung hat treffen wollen, welche die Kriterien einer Zuwiderhandlung gegen die Untersagung trägt. Ein *gewerbsmäßiges* Zuwiderhandeln ist daher nicht die Voraussetzung der Strafbarkeit.

Erk. RG. v. 19. März 1895. Entsch. 27. S. 112.

10. wer wissentlich der Bestimmung im § 131 Absatz 2 zuwider einen Lehrling beschäftigt, oder wer einer auf Grnnd des § 100e Nr. 2 und 3 getroffenen Bestimmung zuwiderhandelt;
11. wer der Bestimmung des § 134c Absatz 2 zuwider gegen Arbeiter Strafen verhängt, welche in der Arbeitsordnung nicht vorgesehen sind oder den gesetzlich zulässigen Betrag übersteigen, oder wer Strafgelder oder die im § 134b Nr. 5 bezeichneten Beträge in einer in der Arbeitsordnung nicht vorgesehenen Weise verwendet;
12. wer es unterläßt, der durch §§ 134e Absatz 1 und 134g für ihn begründeten Verpflichtung nachzukommen;
13. wer dem § 115a oder den auf Grund des § 119a erlassenen statutarischen Bestimmungen zuwiderhandelt.

In allen diesen Fällen bleibt die Strafe ausgeschlossen, wenn die strafbare Handlung zugleich eine Zuwiderhandlung gegen die Steuergesetze enthält.

Art. 23.

Dieses Gesetz tritt mit dem 1. Januar 1897 in Kraft.

III.

Bekanntmachung des Reichskanzlers betreffend den Betrieb von Bäckereien und Konditoreien.

Vom 4. März 1896. R.G.Bl. S. 55.

Auf Grund des § 120e der Gewerbeordnung hat der Bundesrath nachstehende Vorschriften über den Betrieb von Bäckereien und Konditoreien erlassen:

I. Der Betrieb von Bäckereien und solchen Konditoreien, in denen neben den Konditorwaaren auch Bäckerwaaren hergestellt werden, unterliegt, sofern in diesen Bäckereien und Konditoreien zur Nachtzeit zwischen achteinhalb Uhr Abends und fünfeinhalb Uhr Morgens Gehilfen oder Lehrlinge beschäftigt werden, folgenden Beschränkungen:

1) Die Arbeitsschicht jedes Gehilfen darf die Dauer von zwölf Stunden oder, falls die Arbeit durch eine Pause von mindestens einer Stunde unterbrochen wird, einschließlich dieser Pause die Dauer von dreizehn Stunden nicht überschreiten. Die Zahl der Arbeitsschichten darf für jeden Gehilfen wöchentlich nicht mehr als sieben betragen.

Außerhalb der zulässigen Arbeitsschichten dürfen die Gehilfen nur zu gelegentlichen Diestleistungen und höchstens eine halbe Stunde lang bei der Herstellung des Vorteigs (Hefestücks, Sauerteigs), im übrigen aber nicht bei der Herstellung von Waaren verwendet werden. Erstreckt sich die Arbeitsschicht thatsächlich über eine kürzere als die im Abs. 1 bezeichnete Dauer, so dürfen die Gehilfen während des an der zulässigen Dauer der Arbeitsschicht fehlenden Zeitraums auch mit anderen als gelegentlichen Dienstleistungen beschäftigt werden.

Zwischen je zwei Arbeitsschichten muß den Gehilfen eine ununterbrochene Ruhe von mindestens acht Stunden gewährt werden.

2) Auf die Beschäftigung von Lehrlingen finden die vorstehenden Bestimmungen mit der Maßgabe Anwendung, daß die zulässige Dauer der Arbeitsschicht im ersten Lehrjahre zwei Stunden, im zweiten Lehrjahre eine Stunde weniger beträgt als die für die Beschäftigung von Gehilfen zulässige Dauer der Arbeitsschicht, und daß die nach Ziffer 1 Abs. 3 zu gewährende ununterbrochene Ruhezeit sich um eben diese Zeiträume verlängert.

3) Ueber die unter den Ziffern 1 und 2 festgesetzte Dauer dürfen Gehilfen und Lehrlinge beschäftigt werden:

a. an denjenigen Tagen, an welchen zur Befriedigung eines bei Festen oder sonstigen besonderen Gelegenheiten hervortretenden Bedürfnisses die untere Verwaltungsbehörde Ueberarbeit für zulässig erklärt hat;

b. außerdem an jährlich zwanzig der Bestimmung des Arbeitgebers überlassenen Tagen. Hierbei kommt jeder Tag in Anrechnung, an dem auch nur ein Gehilfe oder Lehrling über die unter den Ziffern 1 und 2 festgesetzte Dauer beschäftigt worden ist.

Auch an solchen Tagen, mit Ausnahme des Tages vor dem Weihnachts-, Oster- und Pfingstfest, muß zwischen den Arbeitsschichten den Gehilfen eine ununterbrochene Ruhe von mindestens acht Stunden, den Lehrlingen eine solche von mindestens zehn Stunden im ersten Lehrjahre, mindestens neun Stunden im zweiten Lehrjahre gewährt werden.

Die untere Verwaltungsbehürde darf die Ueberarbeit (a) für höchstens zwanzig Tage im Jahre gestatten.

4) Der Arbeitgeber hat dafür zu sorgen, daß an einer in die Augen fallenden Stelle der Betriebsstätte ausgehängt ist:

a. eine mit dem polizeilichen Stempel versehene Kalendertafel, auf der jeder Tag, an dem Ueberarbeit auf Grund der Bestimmung unter Ziffer 3b stattgefunden hat, noch am Tage der Ueberarbeit mittels Durchlochung oder Durchstreichung mit Tinte kenntlich zu machen ist;

b. eine Tafel, welche in deutlicher Schrift den Wortlaut dieser Bestimmungen (I bis V) wiedergiebt.

5) An Sonn- und Festtagen darf die Beschäftigung von Gehilfen und Lehrlingen auf Grund des § 105c der Gewerbeordnung und der in den §§ 105e und 105f a. a. O. vorgesehenen Ausnahmebewilligungen nur in so weit erfolgen, als dies mit den Bestimmungen unter den Ziffern 1 bis 3 vereinbar ist.

In Betrieben, in denen den Gehilfen und Lehrlingen für den Sonntag eine mindestens vierundzwanzigstündige, spätestens am Sonnabend Abend um zehn Uhr beginnende Ruhezeit gewährt wird, dürfen die an den zwei vorhergehenden Werktagen endigenden Schichten um je zwei Stunden über die unter den Ziffern 1 und 2 bestimmte Dauer hinaus verlängert werden. Jedoch muß auch dann zwischen je zwei Arbeitsschichten den Gehilfen eine ununterbrochene Ruhepause von mindestens acht Stunden, den Lehrlingen eine solche von mindestens zehn Stunden im ersten Lehrjahre, mindestens neun Stunden im zweiten Lehrjahre gelassen werden.

II. Als Gehilfen und Lehrlinge im Sinne der Bestimmungen unter I gelten solche Personen, welche unmittelbar bei der Herstellung von Waaren beschäftigt werden. Dabei gelten Personen unter sechzehn Jahren, welche die Ausbildung zum Gehilfen nicht erreicht haben, auch dann als Lehrlinge, wenn ein Lehrvertrag nicht abgeschlossen ist.

Die Bestimmungen über die Beschäftigung von Gehilfen finden auch auf gewerbliche Arbeiter Anwendung, welche in Bäckereien und Konditoreien lediglich mit der Bedienung von Hilfsvorrichtungen (Kraftmaschinen, Beleuchtungsanlagen und dergleichen) beschäftigt werden.

III. Die Bestimmungen unter I finden keine Anwendung auf Gehilfen und Lehrlinge, die zur Nachtzeit überhaupt nicht oder doch nur mit der Herstellung oder Herrichtung leicht verderblicher Waaren, die unmittelbar vor dem Genuß hergestellt oder hergerichtet werden müssen (Eis, Crêmes und dergleichen) beschäftigt werden.

IV. Die Bestimmungen unter I finden ferner keine Anwendung:

1) auf Betriebe, in denen regelmäßig nicht mehr als dreimal wöchentlich gebacken wird;
2) auf Betriebe, in denen eine Beschäftigung von Gehilfen oder Lehrlingen zur Nachtzeit lediglich in einzelnen Fällen zur Befriedigung eines bei Festen oder sonstigen besonderen Gelegenheiten hervortretenden Bedürfnisses mit Genehmigung der unteren Verwaltungsbehörde stattfindet.

Diese Genehmigung darf die untere Verwaltungsbehörde für höchstens zwanzig Nächte im Jahr ertheilen.

V. Die vorstehenden Bestimmungen treten am 1. Juli 1896 in Kraft. Während der Zeit vom 1. Juli bis 31. Dezember 1896 darf Ueberarbeit auf Grund der Bestimmung unter I Ziffer 3a für höchstens zehn Tage und Nachtarbeit auf Grund der Bestimmung unter IV Ziffer 2 für höchstens zehn Nächte gestattet werden, sowie Ueberarbeit auf Grund der Bestimmung unter I Ziffer 3b an höchstens zehn Tagen stattfinden.

Anweisung des Ministers für Handel und Gewerbe vom 15. April 1896 zur Ausführung der Bekanntmachung des Reichskanzlers vom 4. März 1896.

M.Bl. S. 84.

I. Die Abstempelung der gemäß I 4a der Bekanntmachung von dem Arbeitgeber an der Betriebsstätte auszuhängenden Kalendertafel ist von der Ortspolizeibehörde unentgeltlich vorzunehmen. Ist die Kalendertafel nicht bereits vom Arbeitgeber mit seinem Namen oder seiner Firma versehen worden, so hat dies durch die Ortspolizeibehörde bei der Abstempelung zu geschehen.

II. Die Ortspolizeibehörde hat in jedem, zur Nachtzeit Gehülfen oder Lehrlinge beschäftigenden Betriebe, in welchem Backwaaren hergestellt werden, halbjährlich mindestens eine ordentliche Revision vorzunehmen. Außerordentliche Revisionen haben nach Bedürfniß und insbesondere dann zu erfolgen, wenn der Verdacht einer gesetzwidrigen Beschäftigung von Gehülfen oder Lehrlingen vorliegt.

Bei der Revision hat der Beamte Folgendes zu beachten:

1) Von den Bestimmungen zu I der Bekanntmachung bleiben befreit:
   a) Betriebe, in denen keine Gehülfen oder Lehrlinge beschäftigt werden,
   b) Betriebe, in denen Gehülfen und Lehrlinge nur am Tage — zwischen 5½ Uhr Morgens und 8½ Uhr Abends — beschäftigt werden, oder eine Beschäftigung zur Nachtzeit nur ausnahmsweise und nur mit Genehmigung der unteren Verwaltungsbehörde stattfindet (IV 2 der Bekanntmachung),
   c) Betriebe, in denen nicht mehr als dreimal wöchentlich gebacken wird (IV 1 der Bekanntmachung).
2) Gehört der zu revidirende Betrieb nicht zu den vorstehend unter 1a bis c aufgeführten Kategorien, unterliegt er also den Bestimmungen unter I der Bekanntmachung, so hat der revidirende Beamte bei der Revision insbesondere festzustellen:
   a) ob die Arbeitsschicht jedes Gehülfen die Dauer von 12 Stunden oder, falls die Arbeit von einer Pause von mindestens einer Stunde unterbrochen wird, einschließlich dieser Pause die Dauer von 13 Stunden nicht überschreitet, und ob die Dauer der Arbeitsschichten der Lehrlinge im ersten Lehrjahre 2 Stunden, im zweiten Lehrjahre eine Stunde

weniger beträgt, als die für die Beschäftigung von Gehülfen zulässige Dauer der Arbeitsschicht (I 1 und 2 der Bekanntmachung);

b) ob zwischen den Arbeitsschichten jedem Gehülfen eine ununterbrochene Ruhezeit von 8 Stunden, den Lehrlingen eine solche von 10 Stunden im ersten Lehrjahre, von 9 Stunden im zweiten Lehrjahre gewährt wird (I 1 und 2 a. a. O.);

c) ob an der Arbeitsstätte eine mit dem polizeilichen Stempel versehene Kalendertafel und eine Tafel mit einer Abschrift oder einem Abdruck der Bekanntmachung des Reichskanzlers ausgehängt ist (I 4 der Bekanntmachung);

d) ob auf der Kalendertafel die vom Arbeitgeber ausgewählten Ueberarbeitstage vorschriftsmäßig durchlocht oder mit Tinte durchstrichen und ob etwa mehr als 20 Tage in dieser Weise als Ueberarbeitstage kenntlich gemacht sind (I 3b und 4 a. a. O.).

3) In den vorstehend unter 2 bezeichneten Betrieben hat der revidirende Beamte auf der Kalendertafel einen Revisionsvermerk zu machen.

III. Die Ortspolizeibehörde hat eine Liste zu führen, in die alle revidirten Betriebe und bei jedem Betriebe die Daten der vorgenommenen Revisionen einzutragen sind. Den zuständigen Gewerbeaufsichtsbeamten ist diese Liste auf Ersuchen zur Einsicht vorzulegen.

IV. Den Gewerbeaufsichtsbeamten steht gemäß § 139b Gew.-O. neben den ordentlichen Polizeibehörden die Aufsicht über die Ausführung der Bekanntmachung des Reichskanzlers zu. Nehmen dieselben in der Revisionsthätigkeit der Beamten der örtlichen Polizei Mängel wahr, so haben sie hiervon der vorgesetzten Behörde dieser Beamten Anzeige zu erstatten.

V. Wird eine mit dem polizeilichen Stempel versehene Kalendertafel (I 4a der Bekanntmachung) im Laufe des Kalenderjahres in Folge von Beschädigungen und dergleichen unbrauchbar und deshalb der Ortspolizeibehörde eine neue Tafel zur Abstempelung vorgelegt, so hat die Ortspolizeibehörde die auf der alten Tafel durchlochten oder durchstrichenen Tage auch auf der neuen zu durchlochen oder zu durchstreichen und auf die alte Tafel den Vermerk zu setzen, daß sie ungültig sei.

VI. Auf Grund der Vorschrift unter I 3a der Bekanntmachung ist die untere Verwaltungsbehörde befugt, für höchstens 20 Tage im Jahre Ueberarbeit zu gestatten.

Diese Vorschrift soll in erster Linie dem Umstande Rechnung tragen, daß sich die Arbeit regelmäßig zu gewissen Zeiten des Jahres z. B. vor den hohen Festen und vor Markttagen besonders anhäuft. Die untere Verwaltungsbehörde hat deshalb für diejenigen Tage, an denen alljährlich regelmäßig Arbeitshäufung eintritt, im Voraus Ueberarbeit zu gestatten. Hierbei ist darauf Bedacht zu nehmen, daß nicht schon alle 20 Ueberarbeitstage für unvorhergesehene Ereignisse, die allgemein einen erhöhten Bedarf an Backwaaren im Gefolge haben, z. B. für Truppenübungen aufgespart bleibt.

Tritt im einzelnen Betrieben noch an andern als den von der unteren Verwaltungsbehörde allgemein als Ueberarbeitstage freigegebenen Tagen, in Folge besonderer Umstände z. B. wegen eiliger größerer Bestellungen oder wegen erheblicher Verzögerungen in der Beendigung des Backprozesses, das Bedürfniß hervor, die regelmäßige Arbeitszeit der Gehülfen oder Lehrlinge zu überschreiten, so sind diese Betriebe auf die Vorschrift unter I 3 b der Bekanntmachung zu verweisen, wonach jeder Arbeitgeber höchstens 20 Tage jährlich nach eigener Wahl zur Ueberarbeit bestimmen kann.

VII. Durch die Vorschrift unter IV 2 a. a. O. wird die untere Verwaltungsbehörde ermächtigt, solchen Betrieben, in denen die Gehülfen und Lehrlinge nur am Tage (zwischen $5^1/_2$ Uhr Morgens und $8^1/_2$ Uhr Abends) beschäftigt werden, und auf die deshalb die Vorschriften unter I a. a. O. keine Anwendung finden, für höchstens 20 Nächte im Jahre die Genehmigung zur Nachtarbeit zu ertheilen. Auch diese Vorschrift beruht auf der Erwägung, daß unter besonderen Umständen eine außergewöhnliche Arbeitshäufung und dadurch ein Bedürfniß nach Verlängerung der regelmäßigen Arbeitszeit eintreten kann.

VIII. Die in der Bekanntmachung unter V getroffene Uebergangsbestimmung für die Zeit vom 1. Juli bis 31. Dezember 1896 ist von der unteren Verwaltungsbehörde genau zu beachten.

IV.

Verfügung der Minister für Handel und Gewerbe, des Innern und der geistlichen Angelegenheiten über den vor Gast- und Schankwirthen an Sonn- und Festtagen betriebenen Verkauf über die Straße vom 30. April 1896.

M.Bl. S. 86.

Aus den Kreisen der Handelsgewerbetreibenden sind fortgesetzt Klagen darüber laut geworden, daß die Gast- und Schankwirthe den Verkauf von Getränken, Eßwaaren und anderen Genußmitteln „über die Straße“ an Sonn- und Festtagen vielfach auch außerhalb der für das Handelsgewerbe freigegebenen Stunden ausübten und dadurch den Kaufleuten empfindlichen Schaden zufügten. Um diesen Klagen abzuhelfen und doch andererseits den berechtigten Bedürfnissen der Bevölkerung Rechnung zu tragen, bestimmen wir hierdurch folgendes: Der von den Gast- und Schankwirthen betriebene Verkauf „über die Straße“ ist als Ausübung des Handelsgewerbes anzusehen und demgemäß an Sonn- und Festtagen im allgemeinen auf die für das Handelsgewerbe freigegebenen Stunden zu beschränken. Indessen werden die Herren Regierungspräsidenten ermächtigt, den Gast- und Schankwirthen auf Grund des § 105e der Gewerbeordnung an Sonn- und Festtagen den Ausschank von Wein und Bier vom Faß, insoweit nicht anderweite polizeiliche Vorschriften, insbesondere auch solche über die äußere Heilighaltung der Sonn- und Feiertage, entgegenstehen, unbeschränkt zu gestatten. Dagegen ist der Verkauf von Branntwein, von Wein und Bier in Flaschen sowie von Cigarren, Konditorwaaren, Delikateßwaaren, Wurst, kaltem Aufschnitt u. dergl. durch die Gast- und Schankwirthe, sofern diese Waaren nicht an Gäste des Schanklokals zum Genuß auf der Stelle verabfolgt werden, an Sonn- und Festtagen nur während der für das Handelsgewerbe allgemein freigegebenen Stunden zu dulden. Die Lieferung zubereiteter Speisen aus den Küchen der Gast- und Schankwirthschaften in fremde Häuser fällt unter den Gewerbebetrieb der Köche, ist also von den Herren Regierungspräsidenten bereits auf Grund der Vorschrift unter B III Ziffer 11 unserer Anweisung betreffend die Sonntagsruhe im Gewerbebetriebe vom 11. März v. J. für Sonn- und Festtage zugelassen worden. Ew. rc. ersuchen wir ergebenst, zur Durchführung der vorstehenden Grundsätze die erforderlichen Anordnungen zu treffen und insbesondere auch darauf hinzuwirken, daß die Ortspolizeibehörden einer mißbräuchlichen Ausübung des sonntäglichen Verkaufes „über die Straße" seitens der Gast- und Schankwirthe nachdrücklich entgegentreten.

V.

Die neue Gebührentaxe für Aerzte und Zahnärzte vom 15. Mai 1896.

I. Allgemeine Bestimmungen.

§ 1.

Den approbirten Aerzten und Zahnärzten (§ 29 Absatz 1 der Gewerbeordnung) stehen für ihre berufsmäßigen Leistungen in streitigen Fällen mangels einer Vereinbarung Gebühren nach Maßgabe der nachstehenden Bestimmungen zu.

§ 2.

Die niedrigsten Sätze gelangen zur Anwendung, wenn nachweisbar Unbemittelte oder Armenverbände die Verpflichteten sind. Sie finden ferner Anwendung, wenn die Zahlung aus Staatsfonds, aus den Mitteln einer milden Stiftung, einer Knappschafts- oder einer Arbeiterkrankenkasse zu leisten ist, soweit nicht besondere Schwierigkeiten der ärztlichen Leistung oder das Maß des Zeitaufwandes einen höheren Satz rechtfertigen.

§ 3.

Im übrigen ist die Höhe der Gebühr innerhalb der festgesetzten Grenzen nach den besonderen Umständen des einzelnen Falles, insbesondere nach der Beschaffenheit und Schwierigkeit der Leistung, der Vermögenslage des Zahlungspflichtigen, den örtlichen Verhältnissen 2c. zu bemessen.

§ 4.

Verrichtungen, für welche diese Taxe Gebühren nicht auswirft, sind nach Maßgabe derjenigen Sätze, welche für ähnliche Leistungen gewährt werden, zu vergüten.

§ 5.

Die gegenwärtige Gebührenordnung tritt am 1. Januar 1897 in Kraft.

II. Gebühren für approbirte Aerzte.

A. Allgemeine Verrichtungen.

1) Der erste Besuch des Arztes bei dem Kranken . . . . 2—20 Mk.
2) Jeder folgende im Verlaufe derselben Krankheit . . . . 1—10 Mk.
3) Die erste Berathung eines Kranken in der Wohnung des Arztes 1—10 Mk.

4) Jede folgende Berathung in derselben Krankheit . . . . 1— 5 Mk.

5) Die Gebühr für den Besuch bezw. die Berathung schließt die Untersuchung des Kranken und die Verordnung mit ein.

Findet jedoch eine besonders eingehende Untersuchung unter Anwendung des Augen-, Kehlkopf-, Ohren-, Scheidenspiegels oder des Mikroskops statt, so können hierfür 2—5 Mk. besonders berechnet werden.

6) Für Besuche oder Berathungen bei Tage (vgl. Nr. 10), bei denen eine derjenigen Verrichtungen vorgenommen wird, für welche nach dieser Gebührenordnung eine Gebühr von mehr als 10 Mk. zu entrichten ist, darf eine besondere Vergütung nicht berechnet werden.

7) Muß der Arzt nach der Beschaffenheit des Falles oder auf Verlangen des Kranken oder seiner Angehörigen länger als eine halbe Stunde verweilen, so stehen ihm für jede weitere angefangene halbe Stunde 1,50—3 Mk. zu. Diese Gebühr fällt fort, wenn bei dem Besuch eine Entschädigung für die durch denselben veranlaßte Zeitversäumniß berechnet wird.

8) Mehr als zwei Besuche an einem Tage können nur dann berechnet werden, wenn dieselben im Einverständniß mit dem Kranken und dessen Angehörigen erstattet werden oder nach der Beschaffenheit des Falles geboten sind.

9) Sind mehrere zu einer Familie gehörende und in derselben Wohnung befindliche Kranke gleichzeitig zu behandeln, so ermäßigt sich der Gebührensatz für die zweite und jede folgende Person auf die Hälfte der Sätze zu Nr. 1 und 2.

Es stehen ferner zu:

10) Für Besuche oder Berathungen in der Zeit zwischen 9 Uhr Abens und 7 Uhr Morgens das Zwei- bis Dreifache der Gebühr zu Nr. 1—4 und zu Nr. 7.

Die Gebühr unter Nr. 2 ist jedoch nicht unter 3 Mk. zu bemessen.

11) Für Besuche, welche am Tage auf Verlangen des Kranken oder seiner Angehörigen sofort oder zu einer bestimmten Stunde gemacht werden, das Doppelte der Sätze zu Nr. 1 und 2.

12) Für die mündliche Berathschlagung zweier oder mehrerer Aerzte, jedem derselben (einschließlich des Besuchs) . . . . 5—30 Mk.

13) Für fortgesetzte Berathschlagungen in demselben Krankheitsfalle, für die zweite und folgende . . . . 5—20 Mk.

14) Für jeden als Beistand bei einer anderweiten ärztlichen Verrichtung (Operation ꝛc.) hinzugezogenen anderen Arzt . . . . 5—20 Mk.

15) Für die Verrichtungen zu Nr. 12, 13, 14 bei Nacht (vergl. Nr. 10) das Doppelte.

16) Für Fuhrkosten und für die durch den Weg zum Kranken bedingte Zeitversäumniß steht dem Arzt bei Krankenbesuchen in seinem Wohnorte in der Regel eine besondere Entschädigung nicht zu; doch können die vorbenannten Umstände bei der Bemessung der Forderung für den Besuch innerhalb der zu Nr. 1 und 2 ausgeworfenen Sätze in Betracht gezogen werden.

17) In den Fällen zu Nr. 10, 11, 12, 13, 14, 15 dagegen kann auch innerhalb des Wohnortes des Arztes, wenn die Wohnung des Kranken nicht unter 2 Kilometer von der des Arztes entfernt ist, neben der Gebühr für den Besuch eine Entschädigung für Fuhrkosten, sowie für Zeitversäumniß, und zwar für jede angefangene halbe Stunde in Höhe von 1,50—3 Mk. berechnet werden.

18) Befindet sich der Kranke außerhalb des Wohnortes des Arztes, und zwar nicht unter 1 Kilometer von der Grenze desselben und nicht unter 2 Kilometer von der Wohnunz des Arztes entfernt, so hat der Arzt außer der Gebühr für den Besuch

den Ersatz der für die Reise erwachsenen Fuhrkosten zu beanspruchen. Bei Benutzung eigenen Fuhrwerks ist die Entschädigung nach den ortsüblichen Fuhrlohnpreisen zu berechnen. Letzteres darf auch geschehen, wenn der Arzt ein Fuhrwerk zu seiner Beförderung nicht benutzt.

19) Bei Fahrten mit der Eisenbahn sind die Kosten der zweiten Wagenklasse, bei Fahrten mit dem Dampfschiff die der ersten Kajüte und außerdem für Ab- und Zugang 1,50 Mk. zu vergüten.

20) Außerdem hat der Arzt in den Fällen der Nr. 18 Anspruch auf Entschädigung für die durch die Zurücklegung des Weges bedingte Zeitversäumniß, und zwar: 1,50—3 Mk. für jede angefangene halbe Stunde der für die Fahrt erforderlichen Zeit

21) Bei Reisen, welche mehr als 10 Stunden in Anspruch nehmen, findet außer der Erstattung der Reisekosten eine Vergütung von 30—150 Mk. für den Tag statt, welche die Entschädigung für Zeitversäumniß einschließt. Die ärztliche Verrichtung ist besonders zu vergüten.

22) Besucht der Arzt mehrere außerhalb seines Wohnorts befindliche Kranke (Nr. 18) auf einer Rundfahrt, so sind die gesammten Fuhrkosten und die Entschädigung für Zeitversäumniß in angemessener Weise auf die einzelnen Verpflichteten zu vertheilen.

23) Wird der Arzt bei Gelegenheit der Besuche gemäß Nr. 18, 19, 20, 21, 22 noch von anderen Kranken in Anspruch genommen, so stehen ihm die Sätze unter Nr. 1 und 2 zu.

24) a. Eine kurze Bescheinigung über Gesundheit oder Krankheit eines Menschen . . . . 2— 5 Mk.

b. Ein ausführlicher Krankheitsbericht . . . . 3—10 Mk.

c. Ein begründetes Gutachten . . . . 9—30 Mk.

25) Ein im Interesse der Heilung des Kranken zu schreibender Brief 2—10 Mk.

26) Die Besichtigung einer Leiche, auch mit Ausstellung einer kurzen Bescheinigung, außer der Gebühr für den Besuch . . . . 3— 6 Mk.

27) Die Sektion einer Leiche in Folge Privatauftrags . . . . . . 10—30 Mk.

28) Ein schriftlicher Sektionsbericht . . . . 3—10 Mk.

29) Bemühungen zur Wiederbelebung eines Scheintodten (ohne die etwaige Nachbehandlung . . . . 4—20 Mk.

30) Impfung der Schutzpocken (einschließlich der Nachschau und der Ausstellung des Impfscheins) . . . . 3— 6 Mk.

31) Werden mehrere zu demselben Hausstande gehörige Personen in demselben Raume gemeinschaftlich geimpft, für jede Person . . . . 1— 2 Mk.

32) Die Leitung eines Bades . . . . 2—10 Mk.

33) Ausführung der Narkose . . . . 5—15 Mk.

Erfolgt dieselbe behufs Ausführung einer Operation, für welche der Arzt nicht unter 10 Mk. zu beanspruchen hat, so ist für die Narkose keine besondere Gebühr zu berechnen.

34) Massage . . . . 2— 5 Mk.

35) Eine hydrotherapeutische Einwicklung . . . . 2— 5 Mk.

36) Anwendung des konstanten oder induzirten Stromes . . . . . 2—10 Mk.

37) Subcutane Einspritzung von Medikamenten (außer dem Betrage für letztere); Einspritzungen in die Harnröhre, ein Klystier . . . . 1— 3 Mk.

38) Einführung einer Bougie, eines Mastdarmrohres mit oder ohne Eingießung oder ähnliche Verrichtungen . . . . 2—10 Mk.

39) Anlegung der Magensonde oder des Schlundrohres . . . . . 3—10 Mk.

40) Letztere bei Strikturen der Speiseröhre oder mit Ausspülung des Magens 5—10 Mk.

41) Die Instrumente und Verbandmittel, welche entweder nur einen einmaligen Gebrauch erlauben, oder welche wegen besonderer Umstände haben vernichtet werden müssen, oder welche der Kranke zu fernerer Anwendung für sich behält, sind dem Arzte zu liefern oder ihrem Werthe nach zu vergüten.

42) Werden die Verrichtungen zu Nr. 35—40 längere Zeit hindurch bei derselben Krankheit wiederholt ausgeführt, so ist nur die drei ersten Male der volle Satz, für jedes folgende Mal die Hälfte zuzubilligen, jedoch nicht unter 1 Mk.

43) Ein Aderlaß . . . . 2— 6 Mk.

B. Besondere Verrichtungen.

Wundärztliche Verrichtungen.

44) Eröffnung eines oberflächlichen Abcesses oder Erweiterung einer Wunde 2—10 Mk.

45) Eröffnung eines tiefliegenden Abcesses . . . . 10—50 Mk.

46) Anwendung des scharfen Löffels . . . . 2—10 Mk.

47) Der erste einfache Verband einer kleinen Wunde . . . . . . 1—10 Mk.

48) Naht und erster Verband einer kleinen Wunde . . . . 2—20 Mk.

49) Naht und erster Verband einer größeren Wunde . . . . . . 10—30 Mk.

Jeder folgende Verband die Hälfte, jedoch nicht unter 1 Mk.

50) Anlegung eines größeren festen oder Streckverbandes jedesmal 5—20 Mk.

51) Unterbindung eines größeren Gefäßes als selbstständige Operation oder Operation einer Pulsadergeschwulst . . . . 20—100 Mk.

52) Eine Sehnendurchschneidung . . . . 10—30 Mk.

53) Eine Sehnennaht . . . . 10—50 Mk.

54) Eine Nerven-Isolirung und Durchschneidung, oder Dehnung oder Naht 10—50 Mk.

55) Entfernung fremder Körper

a. aus den natürlichen Oeffnungen . . . . 2—10 Mk.

b. aus dem Kehlkopf oder der Speiseröhre . . . . 6—50 Mk.

56) Entfernung fremder Körper oder Knochensplitter aus einer Schußwunde 5—10 Mk.

57) Entleerung von Flüssigkeit mittels Einstichs

a. aus dem Wasserbruch . . . . 5—10 Mk.

b. aus der Brusthöhle, der Bauchhöhle, der Blase oder dem Eierstock 15—30 Mk.

58) Entfernung kleiner, leicht zu operirender Geschwülste an äußeren Körpertheilen . . . . 3—15 Mk.

59) Entfernung großer komplizirter Geschwülste . . . . 20—200 Mk.

60) Kathetrismus des Eustachischen Trompete mit Lufteinblasen oder Einspritzung . . . . 3— 6 Mk.

61) Ausstopfung der Nase . . . . 2— 5 Mk.

62) Aetzung und Abtragung von Theilen der inneren Nase mit dem Galvanokauter . . . . 3—30 Mk.

63) Kleine Operation am Trommelfell und in der Paukenhöhle . 2—10 Mk.

64) Schwierige Operation am Mittelohr vom Gehörgang aus . . 15—30 Mk.

65) Anbohrung oder Aufmeißelung des Warzenfortsatzes . . . . 15—100 Mk.

66) Entfernung

a. einer Mandel . . . . 3—15 Mk.

b. eines Nasen- oder Rachenpolypen . . . . 10—30 Mk.

c. von Drüsenwucherungen im Rachenraume . . . . 10—50 Mk.

67) Kleine Operationen im Kehlkopf, Einbringung von Medikamenten in denselben u. dergl. . . . . 2—10 Mk.

68) Andere große Kehlkopf-Operationen und Entfernung einer Geschwulst aus dem Kehlkopf . . . . 20—300 Mk.

69) Einrichtung und Verband gebrochener Knochen, und zwar:

a. eines oder mehrerer Finger oder Zehen . . . . 2—10 Mk.
b. eines gebrochenen Gesichtsknochens oder Schulterblattes . . 3—10 Mk.
c. eines gebrochenen Beckenknochens, der Knochen der Hand- oder Fußwurzel, der Mittelhand oder des Mittelfußes . . . . 6—10 Mk.
d. des Schlüsselbeines, einer oder mehrerer Rippen, des Oberarms 10—20 Mk.
e. des Unterarms, des Unterschenkels . . . . 10—25 Mk.
f. des Oberschenkels . . . . 15—30 Mk.
g. des Oberschenkelhalses . . . . 20—50 Mk.
h. der Kniescheibe . . . . 15—30 Mk.
i. Naht der Kniescheibe . . . . 20—100 Mk.

70) Für Errichtung und Verband gebrochener Knochen bei Durchbohrung der Haut erhöhen sich die Sätze zu Nr. 69 um 10—50 Mk.

71) Absetzung oder Auslösung von Gliedern, und zwar:

a. eines Ober- und Unterarms, eines Ober- oder Unterschenkels 30—200 Mk.
b. des Fußes oder der Hand . . . . 20—150 Mk.
c. eines Fingers oder einer Zehe oder einzelner Glieder derselben 10—30 Mk.

72) Ausrottung eines Finger- oder Zehennagels . . . . 3—10 Mk.

73) Trennung zusammengewachsener Finger oder Zehen . . . . . 5—30 Mk.

74) Resektion eines Knochens der Gliedmaßen in der Kontinuität 30—150 Mk.

75) Gelenkresektion oder Resektion des Ober- und Unterkiefers . 30—300 Mk.

76) Resektion einer Rippe . . . . 20—150 Mk.

77) Eröffnung der Schädelhöhle . . . . 30—200 Mk.

78) Eröffnung der Oberkieferhöhle . . . . 8—30 Mk.

79) Gewaltsames Gradestrecken eines verkrümmten Gliedes oder Wiederzerbrechen eines fehlerhaft geheilten Knochenbruches . . . . 10—50 Mk.

80) Eröffnung eines Gelenkes zur Drainage oder zur Entfernung eines Fremdkörpers . . . . 10—100 Mk.

81) Knochenaufmeißelung . . . . 20—100 Mk.

82) Osteotomie . . . . 15—100 Mk.

83) Dieselbe an der Hüfte . . . . 30—200 Mk.

84) Operation des Klumpfußes . . . . 30—100 Mk.

85) Einrichtung und erster Verband verrenkter Glieder, und zwar:

a. des Unterkiefers . . . . 10—20 Mk.
b. des Oberarms . . . . 10—30 Mk.
c. des Unterschenkels . . . . 30—60 Mk.
d. des Vorderarmes, Unterschenkels, Fuß- oder Handgelenks . 15—30 Mk.
e. der Finger oder der Zehen . . . . 2—10 Mk.

86) Für Einrichtung und Verband veralteter Verrenkungen sind die doppelten Gebühren zu gewähren.

87) Größere plastische Operationen (Augenlid-, Nasen-, Lippen-, Gaumenbildung, Operation der komplizirten Hasenscharte . . . . 20—200 Mk.

88) Operation der einfachen Hasenscharte . . . . 10—100 Mk.

89) Ausrottung eines Theiles der Zunge oder der ganzen Zunge 20—200 Mk.

90) Eröffnung des Kehlkopfes oder der Luftröhre . . . . 20—200 Mk.

91) Theilweise oder gänzliche Ausrottung des Kehlkopfes . . . 30—500 Mk.

92) Eröffnung des Schlundes oder der Speiseröhre . . . . . . 30—200 Mk.

93) Operation des Empyems durch Schnitt . . . . 20—150 Mk.

94) Eröffnung des oberflächlichen Verschlusses des Afters, der Harnröhre, der Schamspalte . . . . 5—20 Mk.

95) Eröffnung tieferer Verschlüsse des Mastdarms, der Harnröhre, der Scheide, des Gebärmuttermundes . . . . 15—100 Mk.

96) Operationen an inneren Organen der Bauchhöhle . . . . . 50—500 Mk.

97) Zurückbringung eines beweglichen Bruches oder eines Mastdarmvorfalls 3—10 Mk.

98) Zurückbringung eines eingeklemmten Bruches . . . . 10—50 Mk.

99) Operation eines eingeklemmten Bruches oder Radikaloperation eines Bruches oder Anlegung eines künstlichen Afters oder Operation eines widernatürlichen Afters . . . . 30—200 Mk.

100) Operation der Mastdarmfistel oder des Mastdarmvorfalls oder von Hämorrhoidalknoten . . . . 10—100 Mk.

101) Ausrottung des Mastdarms . . . . 50—300 Mk.

102) Kathetrismus der Harnblase beim Mann . . . . 3—15 Mk.

103) Derselben bei der Frau . . . . 1,50—5 Mk.

104) Werden die Operationen zu Nr. 102 und 103 längere Zeit wiederholt ausgeführt, so ist für die drei ersten Male der volle Satz, für die folgenden die Hälfte zu berechnen — jedoch nicht unter 1 Mk.

105) Operation der Phimose, der Paraphimose . . . . 6—20 Mk.

106) Zurückbringung der Paraphimose . . . . 1—10 Mk.

107) Harnröhrenschnitt . . . . 10—100 Mk.

108) Operation einer Harnröhrenfistel . . . . 20—100 Mk.

109) Absetzung der Penis . . . . 15—50 Mk.

110) Spiegelung der Blase als selbständige Operation . . . . . . 5—20 Mk.

111) Ausspülung der Blase desgl. . . . . 2— 5 Mk.

112) Steinschnitt oder Zertrümmerung (in einer oder mehreren Sitzungen) 60—500 Mk.

113) Operation des Blutaderbruchs . . . . 10—30 Mk.

114) Heftpflaster-Einwickelung des Hodens . . . . 1— 5 Mk.

115) Schnittoperation des Wasserbruchs . . . . 20—100 Mk.

116) Ausrottung eines oder beider Hoden . . . . 30—100 Mk.

117) Transfusion . . . . 30—60 Mk.

Augenärztliche Verrichtungen.

118) Untersuchung der Sehkraft (einschließlich Farbenblindheit Gesichtsfeldbeschränkung u. s. w.) . . . . 3—15 Mk.

119) Operation der verengten oder erweiterten Augenlidspalte oder der Verwachsung der Lidspalte . . . . 5—30 Mk.

120) Operation der Verwachsung der Augenlider mit dem Augapfel 20—100 Mk.

121) Operation des auswärts gewandten Lidrandes . . . . 10—50 Mk.

122) Ausschneiden der Uebergangsfalte eines Augenlides bei Bindehaut-Entzündung . . . . 3—10 Mk.

123) Operation des einwärtsgewandten oder des herabhängenden Augenlides in einer oder mehreren Sitzungen . . . . 10—100 Mk.

124) Kathetrismus der Thränenwege . . . . 2—20 Mk.

Bei Wiederholung die ersten drei Male der volle Satz, bei weiteren die Hälfte.

125) Operation der Thränensackfistel oder Verödung des Thränensackes oder Operation der Thränendrüsenfistel . . . . 20—50 Mk.

126) Ausrottung der Thränendrüse . . . . 20—80 Mk.
127) Entfernung des Flügelfelles . . . . 10—50 Mk.
128) Entfernung von Fremdkörpern, und zwar:
a. aus der Bindehaut . . . . 2—10 Mk.
b. aus der Hornhaut . . . . 3—20 Mk.
c. aus der Augenhöhle . . . . 5—50 Mk.
d. aus dem Innern des Augapfels . . . . 20—150 Mk.
129) Schiel-Operation . . . . 15—150 Mk.
130) Galvanokaustische Aetzung der Bindehaut oder Hornhaut . . 3—20 Mk.
131) Tätowirung der Hornhaut in einer oder mehreren Sitzungen . 20—50 Mk.
132) Eröffnung der vorderen Augenkammer durch Schnitt . . . . 10—50 Mk.
133) Iridektomie, Pupillenbildung . . . . 20—150 Mk.
134) Operation des grauen Staars oder des Glaucoms . . . . 50—300 Mk.
135) Nachstaar-Discision in einer oder mehreren Sitzungen . . . 30—150 Mk.
136) Entfernung des Augapfels . . . . 30—150 Mk.
137) Auswahl und Einsetzen eines künstlichen Auges . . . . . . 2—5 Mk.
138) Ansetzen künstlicher Blutegel . . . . 2—3 Mk.

Geburtshilfliche und gynäkologische Verrichtungen.

139) Untersuchung auf Schwangerschaft, erfolgte Geburt oder Krankheit der Geschlechtsorgane . . . . 2—10 Mk.
140) Beistand bei einer natürlichen Entbindung . . . . 10—40 Mk.
141) Bei einer Zwillingsgeburt um die Hälfte mehr.
142) Bei einer Geburt von mehr als zwei Stunden Dauer für jede angefangene halbe Stunde mehr . . . . 1,50—3 Mk.
143) Künstliche Entbindung:
a. durch Manual-Extraktion . . . . 15—50 Mk.
b. durch Wendung mittels innerer Hanggriffe oder durch Zange 15—100 Mk.
c. durch Wendung, Extraktion und Zange zugleich oder durch Perforation mit oder ohne Kephalotriepsie oder Zerstückelung oder mit Symphisiotomie . . . . 30—150 Mk.
d. bei vorliegendem Mutterkuchen außerdem . . . . 10—50 Mk.
144) Beistand bei einer Fehlgeburt . . . . 6—50 Mk.
145) Einleitung der künstlichen Frühgeburt oder des Abortus . . . 10—50 Mk.
146) Kaiserschnitt bei einer Lebenden . . . . 50—500 Mk.
147) Desgleichen bei einer Verstorbenen . . . . 20—50 Mk.
148) Entfernung der Nachgeburt ohne Entbindnng . . . . 10—20 Mk.
149) Behandlung einer Blutung nach der Geburt ohne Entbindung 10—100 Mk.
150) Operation eines frischen Dammrisses . . . . 5—20 Mk.
151) Operation eines veralteten Dammrisses . . . . 20—200 Mk.
152) Sofern derselbe ein bis in den Darm durchgehender ist . . 30—300 Mk.
153) Operation der Mastdarm-Scheidenfistel, der Blasen- oder Harnleiter-Scheidenfistel oder Aehnliches . . . . 30—500 Mk.
154) Einlegen von Arzneistiften in die Gebärmutter oder Ausspülung derselben oder Aetzung des Gebärmutterhalses oder der Gebärmutterhöhle oder Ansetzen von Blutegeln mittels des Mutterspiegels . . . . 3—10 Mk.
155) Einlegung eines Mutterkranzes mit Lageverbesserung der Gebärmutter 2—20 Mk.
156) Reposition der umgestülpten Gebärmutter . . . . 10—100 Mk.
157) Unblutige Erweiterung des Muttermundes und Mutterhalses 3—20 Mk.
158) Blutige Erweiterung des Muttermundes . . . . 5—50 Mk.

159) Naht alter Mutterhalsrisse . . . . 20—50 Mk.
160) Ausschabung der Gebärmutterhöhle . . . . 10—100 Mk.
161) Theilweise Entfernung der Gebärmutter . . . . 20—100 Mk.
162) Gänzliche Entfernung der Gebärmutter . . . . 50—500 Mk.
163) Untersuchung einer Amme . . . . 3—10 Mk.

III. Gebühren für approbirte Zahnärzte.

1) Für die Berathung eines Zahnkranken, einschließlich der Untersuchung des Mundes und etwaiger schriftlicher Verordnung

a. in der Wohnung des Zahnarztes . . . . 1—5 Mk.
Nachts . . . . 2—10 Mk.
b. in der Wohnung des Zahnkranken . . . . 2—6 Mk.
Nachts . . . . 4—15 Mk.

2) Schließt sich an die Berathung und Untersuchung in derselben Sitzung eine der Verrichtungen, für welche im Nachstehenden eine besondere Gebühr ausgeworfen ist, so darf eine solche nach Nr. 1 nicht gefordert werden.

3) Reinigung aller Zähne . . . . 5—10 Mk.

4) Ausziehen eines Zahns oder einer Wurzel . . . . 1—5 Mk.

Beim Ausziehen mehrerer Zähne oder Wurzels in derselben Sitzung für den zweiten und die folgenden je die Hälfte, jedoch nicht unter 1 Mk.

5) Für die Füllung einer Zahnhöhle

a. mit plastischem Material . . . . 3—10 Mk.
b. mit Gold je nach der Größe . . . . 10—30 Mk.
c. mit Zinn und Gold . . . . 5—15 Mk.

6) Für die Ueberkappung einer freiliegenden Zahnpulpa oder Extraktion oder Abtödtung einer Zahnpulpa . . . . 2—4 Mk.

Bei Abtödtung mehrerer Zähne in derselben Sitzung für jeden folgenden Zahn die Hälfte.

7) Für jede antiseptische Behandlung einer Zahnhöhle oder eines Wurzelkanals 1—2 Mk.

8) Für Eröffnung eines Abzesses in der Mundhöhle und ähnliche blutige Operation im Munde . . . . 2—5 Mk.

9) Für größere blutige Operationen im Munde . . . . 5—30 Mk.

10) Für das Abfeilen störender Ränder an einem Zahn . . . . . 1—3 Mk.

Für dieselbe Operation an mehreren Zähnen in derselben Sitzung für jeden folgenden die Hälfte.

11) Für die örtliche Betäubung bei einer Zahnoperation . . . . . 2—5 Mk.

12) Für die allgemeine Betäubung bei einer Zahnoperation . . . 5—10 Mk.

13) Für die Stillung einer übermäßigen Blutung nach der Zahnoperation 2—4 Mk.

14) Findet eine der unter Nr. 4—10 aufgeführten Operationen in der Wohnung des Zahnkranken statt, so erhöht sich die für dieselbe ausgeworfene Gebühr um 3—10 Mk.
Nachts um . . . . 5—15 Mk.

15) Für die Anfertigung einer Platte aus Kautschuk für künstlichen Zahnersatz 8—10 Mk.

16) Für Reparatur einer solchen Platte die Hälfte.

17) Für jeden an derselben Platte befestigten Zahn . . . . 5—10 Mk.
Für Blockzähne mehr um je . . . . 2—5 Mk.

18) Für Klammern oder Einlagen aus Edelmetall zur Befestigung oder Verstärkung einer Kautschukplatte . . . . 5—10 Mk.

19) Für Anfertigung einer Zahnersatzplatte aus Edelmetall wird außer dem Metallwerth berechnet . . . . 20—30 Mk.

20) Für jeden an einer solchen Platte (Nr. 19) befestigten Zahn . 10—15 Mk.

21) Für Ansetzung eines Stiftzahns . . . . 10—20 Mk.

22) Für Federn nebst Federträgern aus Gold an einem ganzen Gebiß 20—30 Mk.

Der Preis für die Anfertigung von Obturatoren, von Schienen-Verbänden bei Kieferbrüchen, von Apparaten zum Zweck der Rechtstellung schief stehender Zähne oder anderen zahntechnischen Apparaten sowie für Kronen- oder Brücken-Arbeiten bleibt der freien Vereinigung überlassen.

Berlin, den 15. Mai 1896.

Der Minister

der geistlichen, Unterrichts- und Medizinal-Angelegenheiten.

Bosse.

FSC
www.fsc.org
MIX
Papier | Fördert gute Waldnutzung
FSC® C083411

Kolibri 360 GmbH
Ferdinand-Jühlke-Straße 7
99095 Erfurt, Deutschland
produktsicherheit@kolibri360.de